浪花節《なにわぶし》で生きてみろ!

浪曲師
玉川奈々福
Tamagawa Nanafuku

さくら舎

はじめに

こんにちは。浪曲師《ろうきょくし》の玉川奈々福《たまがわななふく》と申します。
はじめましての方も、いらっしゃるかな。まずは、この本を手に取ってくださったことに、感謝です。

これは、「浪曲」についての本です。書名にあるように、ジャンルとして生まれたときには「浪花節《なにわぶし》」と呼ばれており、ある時期から「浪曲」という呼び方のほうが一般的になりましたが、日本の伝統的な語り芸の一つです。浪曲師（語り手）と曲師（三味線弾《しゃみせんひ》き）と、二人一組で、物語を語り、聴《き》いていただく芸です。

なぜ、本などを書こうと思ったのかと申しますと、浪曲についての文字情報が、落語に比べてとても少ない、とかねがね思っていたことがあります。

一時期までは、日本で一番人気のあった芸能なのに、浪曲について書かれた本というのが、少ないのです。

かといって、この本を読めば浪曲がわかるのか、というと、それは……大変心もとないんですが。

とはいえ、記録は大事です。

私がこの本で書きたかったこと。

浪曲という芸能が描く物語と、それを演じる人たちの、イマドキの世の中の価値基準とはおよそかけはなれた、のびやかな世界のことです。

そして、その価値観で、私も生きてみたいと、願うようになった経緯。

都会的洗練とは無縁で、泥臭くて、臆面《おくめん》もなく感情をほとばしらせる人たち。

「便利」「お得」といった経済至上主義とは無縁な、非効率きわまりない人たち。

それがリスキーであっても、どーしてもオノレの誠をゆずれない人たち。

一般社会からはみだしてしまった人たちもいっぱい出てきます。いまはやりの「コンプライアンス」などという、他人様が決めた規範など一切気にしない人たち。

もう、すっとこどっこいばっかりです。

でも、私はこの貴いオロカモノの世界が、とてもいとしい。

本書ではまず、その「浪花節」に流れる価値観のことをお話しし、第二章、第三章、第五章では、浪曲とはまったく無縁だった一人の大人が、この魅惑の沼にはまりこんでしまった経緯を恥《は》ずかしながら申し上げます。結果的に、私の立場から見た、この二十五年の浪曲の、定点観測の記録、になっているかもしれません。

第四章では、浪曲界において、私が大きく影響を受けた、スペシャル魅力的な方々をご紹介し、最後の付録で、いささか主観的な「浪曲史」を書きたいと思います。

浪曲という芸の、カタチの奇妙さ。二人で演じることの大変さと、超絶の面白さ。上達への、卒倒しそうな遠い道のりと、お客さんと一体化したときの、至福。

不弁ながらも、皆様にそれをお伝えするべく、つとめます。お時間まで！

●目次

第二章　ああなりまして、こうなって——玉川奈々福ができるまで

第五章　〽遠くちらちら灯りが揺れる——灯りは見えるか、面白くなれるか

＊付録　〽バカは死ななきゃなおらない——野露に濡れながら育ってきた浪曲の歴史

浪花節で生きてみる！

第一章　〽旅行けば〜——浪花節のココロ

1　臆面もない～木馬亭の楽屋にて

浪曲とはどのような芸か……を説明するのに、どこから始めようかと思いましたが、浪曲の「ココロ」から始めようと思います。

落語、講談、そのいずれとも違う、浪花節のココロ。

私は浪花節に、人間の「色気」をとても感じるのです。それが最大の魅力だと思っています。

私が二代目玉川福太郎《たまがわふくたろう》に入門したのは、一九九五年。二十五年前です。その九か月ほど前から、日本浪曲協会主催の浪曲三味線教室に通っていた縁から、未来の浪曲三味線弾きとして入門しました。

浅草に、日本で唯一残った浪曲の定席《じょうせき》の寄席があります。木馬亭《もくばてい》と申します。

その楽屋に、新弟子として初めて入ったとき。

「なんだこの、稚気《ちき》あふれる化け物たちは！」

……最初から問題発言ですみません。でも、心底びっくりしたんです。

当時の浪曲界の平均年齢は大変高く、たぶん七十歳超えていた（！）と思います。うちの師匠が当時やっと五十歳。それでも充分若手です。若かった私の目から楽屋を眺めると、おじいちゃん世代の方々が大多数。

浪花節が好きで好きで木馬亭に通い詰めて入門した……ってんじゃなかったんで、誰が誰だか全然知らない。有名な人も、偉い人も、わからない。ただ、到底現代人とは思えない、黒紋付《くろもんつき》着た濃厚な面構《つらがま》えのおじいちゃんがわさわさといる、と感じた。ひょえ〜。

かたや、おじいちゃんたちにとっては、「若い」「女性」が楽屋にいる……それだけで超珍しい状況だったのでしょう。おじいちゃんの中の一人、面構えひときわ濃厚な、花沢徳衛《はなざわとくえ》似の人の、花札をしていた手が止まる。そう、おじいちゃんの何人かは花札してました。

眼光鋭いでかい目で、珍しい動物を見るように、眺める。

そ、そんなに珍しいですか？　そんなに遠慮なく人を見るもんですか？　まさに臆面《おくめん》もない視線が注がれることに驚きました。

こちらも興味津々でおじいちゃん浪曲師たちを眺めます。たったいままで花札をしていた黒紋付おじいちゃん。出番になるとよっこらせっと腰を上げ、「お先でございます」と、お三味線のおばあちゃんと舞台袖に移動します。とりあえず、それについていく。柝頭《きがしら》がチョンチョン、と鳴る。それにしたがって、三味線が鳴って幕が開く。さっと暖簾《のれん》をまくっておじいちゃん、舞台に出ていく。演台について、お客さんに一礼。シブ〜い声で言うご挨拶が、こうです。

「ご来場賜《たまわ》りまして、あつく、御礼申し上げます。懸命に申し上げまして、お後と交代でございます。演題は……」

か、カタイ……オンレイ……ケンメイ……。

私は落語が好きで、それまでよく落語会に行っておりました。落語って、熱くしゃべる部分はあっても、どこか涼し気です。なのに、浪曲ったら、えらくカタイし、なんか押しつけがましい暑苦しい。

ところが、舞台が始まるや、その「懸命」に、ぶっ飛ばされました。

〽**火ァ事と喧嘩《けんか》はァ、江戸のはなあああああああああっ！！！**

うわあああ……！　その声の「圧」に、ぶわん、となぎ倒される気がしました。

下腹にどすんとこたえて、身体の芯まで振動するような、倍音たっぷりの、高射砲のような、超低音の、はたまたすすり泣くがごとき超高音の、甘い、渋い……声。それでもって、ばあばあ泣く、がはがは笑う、身体を圧するような感情のうねりの、臆面のなさ。

「浪曲は……日本のギリシャ悲劇か？」

落語は、洒落《しゃれ》ています。都会的で、感情表出にも、洗練があるというか、照れがあるというか。こんな、「本能のまんま、どーん！」なんて感じじゃないです。

途方もない身体能力を駆使して！

ダイレクトすぎる感情表現を！

繰り出す繰り出す繰り出す！

聴《き》くほうは……呆然。

一席、約三十分。幕が閉まって舞台から降りてくるとおじいちゃん、すぐに洋服に着替えます。どうやら、パンツまで汗みどろになっているのが、会話から察しられます。でもご本人、いたって涼しい顔してます。そして何事もなかったかのように、再び花札に戻る。

さっきまであんなスゴかったのに。

初代東家浦太郎

パンツまで汗みどろなのに。

その人が、戦後に浪曲四天王の一人に数えられた、初代東家浦太郎《あずまやうらたろう》という巨人であったことは、あとから知りました。

そんな浪曲の楽屋。スゴいやら可笑《おか》しいやら、迷惑極《きわ》まりなくて困るやら。

数々いらした「稚気あふれる化け物」たちの中で、一番長くお付き合いさせていただいているのが、二〇〇三年からずっと、いまも私を弾《ひ》いてくださっている、浪曲三味線の沢村豊子《さわむらとよこ》師匠。ひゅんっと、心狂わせるような、ダイヤモンドの粒のような、超美しい音色を出す、名人のお師匠さんです。

このお師匠さんの遠慮のなさというのは、なんと申しましょうか、その際たるエピソードが、私の借りてたアパートの部屋が気に入って、住み込んで帰らなくなってしまった一件です。

この一件は、「豊子と奈々福の浪花節更紗《なにわぶしさらさ》」という一席の浪曲になっておりますので、機会があったら聴いてください。

遠方にお住まいのお師匠さんを、夜遅くにお帰しするのが申しわけないので、私の狭い狭いアパートにお泊めしたら、それきり、おうちに帰らなくなっちゃったんです。

もう一度申します。

それから、帰らなくなっちゃったんです。

二年間も！　理由は、

「居心地がいいから」

えええええええっ！

「アンタの部屋はよく眠れるんだよ」

いや、そうかもしれないけれど、だからって……住み込み修行ってのは聞いたことあるが、住み込まれ修行って聞いたことない。

そりゃあ住み心地いいでしょう。なんせ雲の上の人と思っていたお師匠さんですから、掃除洗濯お膳ごしらえ寝間の上げ下げ、針仕事。ぜんぶ私がしますから、居心地悪いはずがない。

いいな～と思った次の瞬間に、「頂戴《ちょうだい》！」って手を出すような、他人に意志や感情を提示する前の躊躇《ちゅうちょ》というものがなく、裸のまんま突きつけられる感じ。

その臆面のなさ……ほんと、面食らい続けました。

でも、こんな浪曲の世界が、私にはだんだん、ユートピアに見えてきたんです。

沢村豊子

大人なんだけれども、いわゆる天然な方々も多くて、天然のまんまで、小さい頃にこの世界に入り、芸だけで生きてて、その芸が、破格。

その人たちの、可愛らしさ。

こんな状況が、現代にあり得るのか、こんな場所が残されていたのか。

そしてそんな人たちが語る浪曲の世界の登場人物たちも同様で……と順次、浪曲に出てくる人物を取り上げ、物語に流れる奇妙で愛《いと》しい「価値観」のことをお話ししていきます。

2 思い入れる〜槍の達人・俵星玄蕃

「浪曲界から歌謡界に転身して大看板になられた代表的な歌手、三人挙げてください！」という質問を、よくお客さんに致します。

「三波春夫《みなみはるお》っ！」「二葉百合子《ふたばゆりこ》！」「村田英雄《むらたひでお》！」……競うように以前は答えが返ってきたものでしたが、最近は……。三波先生没後十九年、村田先生十八年、二葉先生は引退されて九年。歳月の無情なことよ。

三波春夫先生は、歌手転身後も「長編歌謡浪曲」と銘打ち、浪曲の題材を高らかに歌われました。中でも知られているのが、名曲「元禄名槍譜《げんろくめいそうふ》　俵星玄蕃《たわらぼしげんば》」。

カラオケにも入ってますけど、フルバージョンは十分近くあります。これがね〜、超かっこいい曲なんですよ。心底シビレます。ちなみにこの作品、作詞も三波先生ご本人です。

元禄時代に実際にあった「赤穂《あこう》事件」に取材してつくられた「赤穂義士伝」に登場する人物です。

とはいえ、実在の人物ではありません。

赤穂義士の討ち入り事件が起きたのは、元禄十五年（一七〇三年）。

三波先生のご著書『真髄三波忠臣蔵』（小学館文庫。絶版ですが電子書籍版があるようです。名著ですっ！）によれば、俵星玄蕃という人が初登場したのは、文化二年（一八〇五年）の「江戸名釈看板」という講釈本である由。その後、講談、浪曲で数々演じられ、私は芸の上での曽祖父に当たる二代目玉川勝太郎《たまがわかつたろう》が演じたものを受け継いでおります。

某藩の槍術《そうじゅつ》指南役であったが、酒の上の争いで朋友《ほうゆう》を殺《あや》めてしまい、故郷を追われ浪人となって、両国で槍《やり》の道場を開いている。鬱々《うつうつ》とした心を酒で紛《まぎ》らす日々を送っています。

三波春夫　©三波クリエイツ
（『昭和の歌藝人 三波春夫』より）

ある晩、ちょうど稽古《けいこ》の済んだ道場の表を、屋台の蕎麦屋《そばや》が通りかかる。腹が減っている門人たちは蕎麦屋を呼び入れ、矢継ぎ早に注文。ところが蕎麦屋とは世を忍ぶ仮の姿、まことは赤穂義士杉野十平《すぎのじゅうへい》次《じ》。町人に身をやつし、ひそかに吉良《きら》邸を探っている。

玄蕃は一目で見抜き、杉野の前で、俵崩しという槍の秘技を見せます。

玄蕃の眼力に畏《おそ》れをなした杉野は、その後道場には近づかなかったのですが、ある日両国橋のたもとで再会、強引に居酒屋に誘われます。聞けば上杉家から、玄蕃を召し抱えたいと使者が来たという。上杉家は赤穂義士の仇《かたき》、吉良上野介《こうずけのすけ》の親戚です。お役は何だと問えば、吉良家の用心棒になってくれという……。これを聞いて、杉野は青ざめます。槍の達人が吉良方についたら、一大事。ところがこの話を、玄蕃は断ったというのです。たとえ貧乏をしていても、吉良の味方となるなど、末代《まつだい》までの恥辱《ちじょく》である、と……。

実は玄蕃は、赤穂義士に深く思い入れているのでした。

槍の玄蕃と謳《うた》われたほどの達人でありながら、もはや世に出るあてはない。武士の誠を貫く生き方を強く願うが、叶《かな》わない。ゆえに、それを貫こうとしている杉野に、強く思い入れている。その真心に、杉野は感じ入ります。

元禄十五年十二月十四日の討ち入り当夜。闇夜に響く山鹿流陣太鼓《やまがりゅうじんだいこ》の音を聞いて飛び起きた玄蕃は、赤穂義士に助太刀《すけだち》しようと、先祖伝来の槍を持って吉良邸に駆けつける。ところが、我々だけで討たせてほしいという大石内蔵助《おおいしくらのすけ》の言葉に、それならせめて、討ち入りを邪魔するやつは誰一人通さぬ心意気で、両国橋のたもとで仁王立《におうだ》ちするのです。

さて。ここで皆さんのご意見をうかがいたい。

この人、かっこいいか？

これがもし落語になったなら。

人間をちょっと離れたところから突き放してみる落語的視点からなら、この俵星玄蕃という人は、超すっとこどっこいなおせっかいとして描かれるだろうと思います。

酒乱の浪人者。

槍は強いが、勝手に赤穂義士に思い入れて、討ち入りを手伝おうと駆けつけて志願して、断られて、することもなく仁王立ち。独り相撲《ひとずもう》もいいところ。キョーレツに面倒くさくて可笑しいオッサンです。

落語で描かれたなら、上方落語の「胴乱の幸助《どうらんのこうすけ》」さんみたいな感じだろうなあと、常々思ってます。

幸助さんは趣味が「喧嘩の仲裁」。街で人の喧嘩を見つけては仲裁に走り、食事や酒をふるまってコトを収める。周囲からは、ちょっとズレたおじさんとして見られています。

俵星は、落語になったら、この幸助さん的に描かれるであろう。

ところがこの人は、三波先生の長編歌謡浪曲においても、そして本物の浪曲においても、ヒーローです。

玄蕃は杉野に、なりたくてなれなかった自分の姿を見るのです。槍を持って忠義に生きたかった。それができない。せめて杉野の忠節を助けたい。「鷹《たか》は飢えても稲穂はつまぬ」。この言葉を高らかにうなるとき、玄蕃の潔《いさぎよ》さと同時に、無念が私の胸に満ちます。

主人公を、引いて眺める落語と、主人公のココロに共感する浪曲。仕官の道を断り、赤穂義士に精いっぱいの心を寄せる玄蕃に、浪曲のお客さんは同じく心を寄せ、涙したのだろう。これが、浪花節のココロだよなあ〜と思います。

突き放す落語と、思い入れる浪曲。三波先生曰く、俵星玄蕃の存在は「この人の姿を借りて、忠臣蔵の人々に満腔《まんこう》の敬意と讃辞を贈る、大衆の声」だったのです。

3 人生にセーフティネットを敷かない〜森の石松

医療保険って、入ってますか？　保険というものにひとつも入ってないんです。「入ってる？」と聞かれるたびに不安になります。当世は、将来への不安が、商売になるんですね。不安をあおってあおって、お金にする。

浪曲の登場人物たちって、いっそ気持ちいいほど、明日のことを考えません。

「もし死んじゃったら、諦《あきら》めちゃえ」

えええええええっ！

人生を、オノレの命を、かる〜く考えているフシがあります。

その代表格が、浪曲の代名詞ともいうべき演題「清水次郎長伝《しみずのじろちょうでん》」に登場する森の石松です。

次郎長伝は、いわゆる俠客伝《きょうかくでん》。幕末から明治にかけて活躍し、海道一の親分と言われた実在のばくち打ちの親分、清水次郎長の物語。

もと磐城平《いわきたいら》藩士天田五郎《あまだごろう》が、山岡鉄舟《やまおかてっしゅう》の仲立ちで次郎長の養子になり、その縁で本人から聞き書きをした記録が『東海遊俠伝《とうかいゆうきょうでん》』という書物として残されています。それをもとに、松廼家太琉《まつのやたいりゅう》という講釈師が講談化した。三代目神《かん》田《だ》伯山《はくざん》がこれを譲り受け十八番として世に広めましたが、それに先立って初代玉川勝太郎が太琉から伝授されて浪曲でも演じた。

二代目広沢虎造
（一般社団法人日本浪曲協会）

でも、なんといっても、のちに二代目広沢虎造《ひろさわとらぞう》が演じたのが、有名です。

浪花節といえば次郎長伝。長いお話ですが、その中で次郎長について有名な登場人物が、森の石松。次郎長が、「目の中に入れても痛くないほどかわいがっている」子分です。

ある春の日のこと。讃岐《さぬき》の金毘羅宮《こんぴらぐう》へ、親分次郎長の代理で刀を納めに行く用事を、次郎長から頼まれた森の石松。行って帰って三か月の旅になるが、それを二つ返事で引き受ける。

ところが、親分から条件が一つ。

お酒の上の悪い石松。旅の最中、一滴の酒も飲んでくれるな。

石松がすなわち言葉を返す。

「務まらねえから、断りましょう」

えっ？　そんなソッコーで断るの？

「わしという人間はね、ひろおい世の中に酒ぐらい好きなものはねえ。その酒を飲まねえといっときの我慢ができねえ。三月《みつき》飲まなかったら死んじまう。おめえさんだってそうじゃあねえか。酒飲むてえと乱暴なやつを遣《や》って陰で心配するより、おこわァ食べて汁粉ォ食ってあんころもちを食ってぜんざい食って安倍川《あべかわ》食って団子ォ食って、ンでにこにこ笑っている天下泰平なやつァいくらもうちにいるじゃあねえか。そいつらやってくんねえ！」

いや〜石松っつぁん、いい啖呵《たんか》だね。口答えにも愛嬌《あいきょう》があるね、って感心してる場合じゃない。おいこら石松、断るにしたって、言いようってのがあるだろう、親分にそんなすらっと、気持ちいいほどの口答えしようもんなら、親分が……。

案の定、次郎長が怒った。もう勘弁ができねえと長脇差《ながわきざし》の鞘《さや》ァ払って片手上段に振りかぶる。ところが石松は、微塵《みじん》もひるまない。

「いやあ抜いたね。これァおもしれえ。さあ斬《き》っておくんねえっ！」

イヤなものはイヤ。そのために、いまこの刹那《せつな》、命を賭けられる人の強さよ。「安全」という言葉は石松の辞書にはない。もちろんお金も持っちゃあいない。馬鹿を承知でやくざになった。スレスレを生きるのは、当たり前。死ぬことよりも、逃げた、負けたと言われることを何より嫌う石松なのです。

人生にセーフティネットを敷かないにもホドがあるな。ま、物語の中の人物だからね、と思いきや。

現代の浪曲界にも、見事に同様な生き方をしてる人が、いるんだなあ、これがすぐ近くに。

私の三味線を弾いてくれている沢村豊子師匠。まったく明日を憂《うれ》えない方です。未来への対策をあまりに考えないので、相方としては、はらはらしっぱなしです。

仕事の予定は、私がお師匠さんの手帳に書き込むのですが、どこのどういう仕事であるか、基本的に気にしないので、細かくは書き込みません。

「奈々福、夜」と書くだけ。

時間も、直前に伝えるだけ。だいたい、前日何時くらいになったら、翌日のことを考えるのかな〜と思って、ためしに連絡しないでいてみたところ、深夜になって「アンタ、明日は何時に迎えに来るんだい⁉」と連絡が来ます。

よく、江戸っ子は宵越《よいご》しの金は持たないとか言われますが、九州生まれの豊子師匠も、比較的江戸っ子タイプです。将来のために貯めておく、という思想は……気持ちいいほど、ない。ただし、今日のことは今日ケリをつけたいので、仕事したその日にお金はもらいたい。いわゆる「取っ払い」派です。

「日銭ってのはいいもんだよ。使うだけ、入ってくるんだよ」

そう言ってにっこり笑う我が愛しのお師匠さん。この世知辛《せちがら》い世の中で、その生き方を、全《まっと》うさせて差し上げたいと、ギャラは来月振り込み予定のお仕事でも、お師匠さんへの支払いだけは、必ずあらかじめ現金で用意して、仕事に向かうわたくしなのであります。

4　飲めば飲むほど強くなる〜酒乱の剣豪・平手造酒

「お強いんですね」

旅先の、瀬戸内のとある町で、ふらりと入った小料理屋の店主に、言われた言葉で調子に乗ったんですね。抜群においしかったには違いがない。

軟水で醸《かも》した馥郁《ふくいく》たる香りの純米吟醸《ぎんじょう》。

すいすい、すいすい、飲んだ飲んだ。見事に記憶をなくし、気がついたときにはホテルのベッドの上。どうやって帰ったのか、よく予約しただけの宿にたどり着けたもんだ。翌日、激しい二日酔いだったことは言うまでもありません。あれが一人で一升酒を飲んだ、最後だったなあ（遠い目）。

浪曲には、これでもかというほど、大酒飲みが出てきます。前出の森の石松も酒豪でしたが、とにかく野郎ども、飲む量が半端じゃない。中でも、「天保水滸伝《てんぽうすいこでん》」に登場する剣豪・平手造酒《ひらてみき》。日に三升（！）が当たり前な人です。

二代目玉川勝太郎
（一般社団法人日本浪曲協会）

「天保水滸伝」とは、江戸後期、下総《しもうさ》（現在の千葉県）に実在した二人の侠客（ばくち打ちの親分）、飯岡助五郎《いいおかのすけごろう》、笹川繁蔵《ささがわのしげぞう》の抗争の物語。

幕末の講釈師宝井琴凌《たからいきんりょう》という人が取材して講談化し、のちに作家の正岡容《まさおかいるる》が、二代目玉川勝太郎のために浪曲化しました。

笹川繁蔵一家の用心棒が、平手造酒。

北辰《ほくしん》一刀流千葉周作《ちばしゅうさく》の道場の俊英であったが、酒癖の悪さから師匠に破門され、流れ着いた笹川（現在の千葉県香取郡東庄町）で、土地の親分笹川繁蔵の用心棒になった、と浪曲では描かれます。胸を病《や》んで養生していたが、「大利根河原の大喧嘩《おおでいり》」と言われる、助五郎一家、繁蔵一家の乱闘事件に病軀《びょうく》をおして駆けつけて、落命したとされています。

実在したモデルがいて、事件当時の見分書には「平田深喜《ひらたみき》」とあり、別の資料によれば高松藩士だった平田三亀ともいわれ、東庄町に「平田氏之墓」と石碑が、神崎町の旧・心光寺墓地に「平田三亀」の墓があります。

千葉道場で、師匠をしのぐ腕と言われた。本来なら大名旗本から、剣術指南として召し抱えられてしかるべき腕。ところが酒乱にして性狷介《せいけんかい》、それがたたって、いまではやくざの用心棒。鬱屈《うっくつ》をまぎらすためのお酒だから、タチがいいはずはありません。そんな平手を、懐《ふところ》深い繁蔵は受け入れているのですが、間違いがないように目を光らせてもいる。

下総名物、鹿島《かしま》神宮の棒祭り。鹿島神宮の歴史は古く、東国三社の一つで大変大きな神社です。その鹿島神宮の大祭は、博徒たちにとっては稼ぎ時。「お賽銭《さいせん》勘定場」という名目で博打場《ばくちば》ができる。お上もお目こぼしの場です。

その用心棒として平手は一家に同行するはずだったが、親分繁蔵が風邪で行くことができなくなった。自分の行かない祭の場に平手を遣るのは危険すぎると、繁蔵は止めるのですが、平手は、祭りの間は酒を断つから行かせてくれと、ねだります。

正面から言われては繁蔵も強くは言えない。必ず飲んでくれるなよと言って許すのですが、祭で華《はな》やぐ境内の茶屋で、女中に酒を勧められたら……ねえ。案の定、禁酒の誓いは破られる。

そこへ敵対する飯岡一家の用心棒たちがやってきて、悶着《もんちゃく》となる。

ちなみに皆さん。お酒飲んで、パフォーマンスの質って……上がりますか？　私は、お酒飲んで浪曲なんて、絶対、ぜったい、無理。

ところが、その時点ですでに一升五合飲んでいた平手造酒、敵の用心棒三人を前にして「主人《あるじ》、冷やでよい、一升持ってこい！」と叫びます。果たし合いを前にこれ以上のお酒はと止める主人を制し、言い放つ。

「わしは飲めば飲むほど強くなる。あと一升腹に入れば天下に敵なし！」

……あり得ん。ところが二升五合腹に入れた平手、相手三人をかる～く斬ってしまう……アンビリーバボー。

二代目玉川福太郎

こういう人物を演じる浪曲師たち。はい、やはり大酒飲みが多かったです。私の師匠、二代目玉川福太郎は三六五日お酒を欠かさない人でした。風邪をひいても、体調が悪くても、

「今日はちょっとまずいな」

と言いながら、飲む。外で飲んできても、家で飲みなおす酒は別勘定。弟子にも「おまえも飲め！」……いや、嬉《うれ》しいお酒には違いなかったのですが、帰れなくなって師匠の家に泊めていただいたことは……二度や三度ではない。

うちの師匠は舞台前は飲みませんでしたが、アルコールを摂取してから舞台に上がられる師匠はおられました。それ以外にも、楽屋うちでお酒にまつわる伝説は、数々……いまは女性のほうが多くなり、大変おだやかになった浪曲の楽屋ですが、大先輩たちからうかがうと、その昔は相当、豪快であったようです。

5 メソッドがない、盗むしかない〜下郎・度々平

一生続けられる習い事がしたい、と、浅草雷門《かみなりもん》にある日本浪曲協会で開かれていた浪曲三味線教室に行ったことが、この未知の沼に足を踏み入れるきっかけでした。

最初に聞いた三味線の音色に、びっくり仰天《ぎょうてん》したのです。

それは、衝撃的に美しかった。いままで「三味線ってこんな感じの音色」と思っていたイメージが、ガラリ変わりました。

玉川美代子

目の前で弾いてくださる、華奢《きゃしゃ》でたおやかなお師匠さん……その人こそ、戦後、浪曲四天王の一人に数えられた初代東家浦太郎の相方をつとめられた、名曲師（浪曲の三味線弾きのことを、曲師といいます）玉川美代子《たまがわみよこ》師匠だったのですが、その撥先《ばちさき》から、まるでちいさなまあるいダイヤモンドの粒が、ぽろぽろ、ぽろぽろと零《こぼ》れ落ち

ては消えていくようでした。もったいなくて拾いたいけれど、それは瞬時に消えてゆく。

その音に強く惹《ひ》かれたことが、原動力でした。

が。

教室に参加してみて驚いた。

にこにこしながらお師匠さんが、フレーズをひとつ弾いてくれる。

構造が、わからない。何拍子？　続きがあるの、ないの？

もう一度やってくれる。

あれ？　さっき弾いてくれた手と、全然違う。

お師匠さんは、にこにこしながらおっしゃる。

「おんなじよ」

えええええええっ！

教則本はない。譜面もない。お師匠さんは弾丸のようにしゃべり続けておられるが、言ってることの意味が、皆目《かいもく》わからない。

だいたいですね、名人に限って、感覚的なことをおっしゃる。素人《しろうと》にわかりようもないです。例の、長嶋茂雄さんの「ビューと来たらバーンと打て！」と一緒です。

理論も構造もわからないから、とりあえずまるっと塊《かたまり》を覚えて、お師匠さんの前で弾いてみる。

「違う」と言われる。

お師匠さん、再びお手本を弾いてくれる。

「え？」

前回教わった手と全然違う。

とまどう。でも、仕方ない。二度目のフレーズを、これまたまるっと覚えていく。

お師匠さんの前で弾いてみる。

「違う」と言われる。そしてまた違う手、の無限ループ。

わからない、わからない、わからなーーーーいっ！

ところが、その謎のフレーズを百回聞き続け、次のフレーズも百回聞き続け、いくつもいくつものフレーズを聞き続けて半年くらいたったたときに。

「あ、なるほど、おんなじだ」

とわかったのです。

浪曲は、そしてたぶん他の多くの日本の伝統芸能は、理論や構造などの整理されたものを通しての伝授は一切おこなわれません。実演という、一回限りの、音色と所作と技術と緊張感と迫力とがないまぜになった、わけのわからない塊がどーんと来て、それをどこからどうかじれば多少なりともわかるようになるのかさえわからないまま、畏れ入り続けて畏れ入り続けて、わからなさ加減に麻痺《まひ》したころ、やっと一つわかる。

譜面の一つもなく、理論の一つもなく、メソッドがなく、あまりにわからなすぎて、当初四十人くらい参加していた三味線教室は、脱落者が続出しました。でもそれに耐え抜いた者は……いや違う。辞《や》めるという積極的な選択肢を考える余裕すらなく呆然とし続けちゃった者には、いつのまにか……沁《し》みている。

身体から、身体への伝授。

それこそが、もしかして、一番確実な伝授なのかもしれません。いや、ほんと、そういうことなんだってわかるまでが苦しかった。

いろんな経緯がありまして、私は途中から三味線弾きではなく、うなるほう＝浪曲師になりました。その修行は、三味線以上に苦しかった。

「どうやったら、そんな声が出せるんですか？」

って、よく聞かれます。それ、私の二十五年を凝縮して一言で語れ、と言われているようなもんです。

「わからねーよ」

ただただ、師匠たちの声を聴き、師匠たちの身体の使い方を観察し続け、真似《まね》てきたただけです。

「寛永三馬術《かんえいさんばじゅつ》」というお話。江戸時代初期、三代将軍家光《いえみつ》公の時代の、三人の馬術の名人のお話です。これも、長いお話。

トップバッターに出てくるのが、讃岐《さぬき》丸亀《まるがめ》藩の馬術の名人曲垣平九郎《まがきへいくろう》。いまも東京都心、芝愛宕山《あたごやま》にある八十六段の急な石段を、馬で上って馬で下りて、将軍様から日本一の馬術の名人の称号をいただいた。

この平九郎が丸亀に帰ったとき、一人の男が、奉公人として雇ってくれと訪ねてきた。身元引受人がない。眼の配りや身のこなしが、ただの下郎《げろう》ではない。一度は追い返すが、ふと胸に問い返して、雇うことにするのですが。

この度々平《どどへい》と名乗る男。平九郎の眼力に狂いはなかった。実は筑後《ちくご》柳川《やながわ》藩の馬術指南役、向井蔵人《むかいくらんど》。平九郎の馬術の極意《ごくい》を盗むために、下郎として入り込んだのです。

平九郎は、それを察して、盗まれてはならじと極意を隠す。教えてくれるはずのない極意は、盗むしかない。盗もうとしていることすら、相手に知られてはならない。得るための方法論もわからない。でも、盗まなければならない。

緊張関係にあるはずの二人。しかし、年月を重ねる中で信頼と親しみも生まれていきます。三年という月日を主従として過ごしたのち、平九郎が「度々よ……」と呼びかけるとき、そこにこもる情に、私は涙します。盗む側には尊敬があり、盗まれる側には、盗むことを許す情がある。そして、ずっとそばにいることで生まれる信頼。これはそのまま、芸の修行に当てはまる。

どうやって盗めばいいのか。

修行は、その試行錯誤から始まります。譜面といった二次元情報にされてしまったら、「方法」といった論理にまとめられ、メソッド化されてしまったら、絶対抜け落ちてしまうものがある。

身体そのものから発せられる情報の豊かさ。

どこがどうなってその芸になっているのかを、観察せよ、盗み方を覚えよ。

見て、聴いて、察して、想像して。言葉を介さず、身体から身体へ。

6　差別ゴコロがない～梅ケ谷と新門辰五郎

上方《かみがた》相撲で日本一と言われた梅ケ谷《うめがたに》藤太郎《とうたろう》。江戸の相撲を志し、土俵に上がったが、勝っても勝っても人気が出ない。相撲取りが、勝つほどに悪評にさらされる……日本一と評された男が、どん底を味わっています。

いったいどうしたらよいかと隅田《すみだ》の川面《かわも》を見つめていたときに、男がぶつかってきて難癖をつける。もみ合ううち、男がよろけて、そこにいた一人のお菰《こも》（物乞い）に怪我を負わせた。男は逃げたが、梅ケ谷は、お菰に詫《わ》び、金を与える。

その晩、一人のお菰が梅ケ谷を訪ねてくる。乞食仲間の頭《かしら》と名乗り、うちのものが両国橋で世話になった、その礼に来たのだという。梅ケ谷は恐縮し、奥へ通し座布団を勧める。そして、彼が土産に持参した酒を、拒《こば》むことなく、飲む。

「関取。勝っても勝っても人気が出ない、江戸の人は冷たいと思っておいででしょうねえ」

「はい、江戸の相撲にはなれません。いまの相撲を打ち上げたら、故郷へ帰ります」

この言葉を聞いたお菰の頭が、顔色を変えた。「関取、そりゃ、違うんじゃないか」

江戸の人間は、ここの土地に根付く人かそうでないかを見分けるのだ。思い通りにゆかなけりゃ上方へ戻ればよいと思っている人間を信用しない。江戸の相撲になりきる覚悟をみせたなら、必ず人気は出るはずである。

熱く語るお菰の言葉に己《おのれ》の甘さを反省し、江戸に骨をうずめる覚悟をする梅ケ谷。

しかし、師匠の心を弟子たちは理解できない。なぜ師匠は乞食に座布団を勧め、土産の酒を飲み、説得されているのか……情けない。こんな師匠からは、暇をもらおう。

梅ケ谷は悲しみつつも、それを止めない。そうか。無理は言わん。二度の師匠をとり、相撲だけは頑張れよ。強くなったら江戸へ出てきて土俵でわしを投げてくれ……師匠の真心に触れた弟子たちは、自分たちの浅はかさに気づき、もう一度弟子にしてくれと泣く。

翌日。前夜のお菰が仲間大勢を連れて、場所入りする梅ケ谷を見送りにやってくる。お菰の行列がお前さんを見送るんだが、かまわねえんだね、と聞かれた梅ケ谷。

「はい、御大名でもお菰の衆でも、梅ケ谷を贔屓《ひいき》にしてやろうというお志、嬉しい気持ちに変わりはごんせんわい」

これを聞いた頭は感心し、一同に命じて着ていた汚い着物を一斉に脱ぐ。仕立て下ろしの印半纏《しるしばんてん》。衿《えり》には「を組」。彼らは江戸の火消しでその名も高い、新門辰五郎《しんもんたつごろう》とその子分たちだった。辰五郎は米俵や酒樽《さかだる》を山と積み、千両箱を贈る。梅ケ谷は熱い涙をこぼす……。

「梅ケ谷江戸日記」という浪曲のあらすじです。梅ケ谷という人は十五代横綱になった実在の相撲取り。新門辰五郎も実在した人です。

相撲。お菰。町火消《まちびけ》し……このお話に出てくる人たちは、江戸時代の身分制度において「あわいの人たち」、と言うこともできると思います。

お相撲さんは、大名のお抱えになれば士分にもなり得るけれど、基本的には芸能者。一般市民枠の外側の人たちです。

お菰は言うまでもなく、外側の人。

そして町火消し。町人ではあるけれど、特にこのお話に登場する新門辰五郎は、江戸の最下層の人たちの住む界隈《かいわい》に生まれ、火消しの頭領になり、小金井小次郎《こがねいこじろう》や清水次郎長などばくち打ちの親分たちとの付き合いもあり、娘は十五代将軍慶喜《よしのぶ》公の妾《めかけ》になり、幕末には慶喜公の警護も買って出る……もう、上から下から、境界を超えまくっている人です。

最初に出てくる江戸っ子の男は、わかりやすく梅ケ谷を貶《おとし》めるような言葉を吐き、お菰に対しても差別的な言動をする。

ところが梅ケ谷という人は、差別ゴコロのない人なのです。身分や立場で目を曇らせることなく、まっすぐに相手の心根を見ている。この演題をやるとき、この人の心の自由さ、思いやりの深さに、心がのびやかになる気がします。

新門辰五郎という人は、ちょっとあざとい。勝っても人気が出ない梅ケ谷の、心根を見てやろうと、お菰になりすまして、梅ケ谷を試すのです。

しかし、私は不思議に思いました。この身分制度の厳しい時代に、町人が勝手にお菰になりすまして来る、なんていうことができたのだろうか。

新門辰五郎は、町火消いろは四十七組のうちの「を組」の頭領。「を組」の受け持ち区域は、浅草でした。浅草裏の新吉原《しんよしわら》には、当時のお菰さんたちを管轄する、非人頭車善七《くるまぜんしち》の住居もあった。広大な住居だったといわれています。一家の者たち大勢にお菰の格好をさせて街を歩くとは、車善七への挨拶なしにはできる所業ではないのではないか。

火事の多い江戸の町、町火消しが活躍するときに、消火活動には、乞食たちも動員されていたという記録もあり、また火事で死人が出た場合の処理など、火消しの頭領の新門辰五郎は、必ずや、車善七との付き合いもあったはずです。

その、「境界を超える人」である新門辰五郎が、お菰の団体に見送られて場所入りすることを拒まない梅ケ谷を、「たいした関取だぜ」と評価する。

あわいの人たちが、ひゅんひゅんと、境目を超えまくる、話。

浪花節は、江戸時代までは大道芸でした。道行く人々の足を止めるために、腹の底から声を振り絞る。臆面もない感情表現で、足を止めた人たちの心をとらえていく。そして懐から胴巻きを出させ、あわよくばそこから金銭を出させるために、さらに芸の限りをつくす……そういう出自《しゅつじ》の芸能の末裔《まつえい》であることを、私は誇りに思っているのですが、その浪花節が、こういう物語を語れることを、とても嬉しく思うのです。

身分制度が厳しかった時代に、それを超える自由な心を持っている人たち。

窮屈になりゆくいまの世の中だからこそ、この物語を語りたいと思うのです。

7　偏屈上等〜左甚五郎的なひとたち

東海道の掛川宿《かけがわじゅく》。宿の半ばにある遠州屋はご本陣。その前に一人の男が通りかかり、張り出してあった紙の前で立ち止まる。

「近日尾張大納言《おわりだいなごん》様お宿に付、御常客様でも宿は一切お断り申し候」

これが男のカンに障《さわ》った。

「宿屋てえのは客を泊めるのが商売だ。大名が泊まるからてって客を泊めないのは生意気だ。よし番頭をからかって上がり込んでやろう」

張り紙の文面も確かに傲慢《ごうまん》だが、この客も相当変わっている。

応対した番頭が災難だった。さんざんごねられ脅《おど》され翻弄《ほんろう》された上、行燈《あんどん》部屋へ上がり込まれた。

折から表へまた一人、竹の杖《つえ》をついたよぼよぼの老人。これまた張り紙の前で立ち止まる。やはりカンに障ったらしく、よぼよぼしながら、入ってきた。番頭が立ちはだかる。

「表の張り紙をご覧になりませんでしたか、尾張大納言様がお泊まりになるんでどなたも泊めないんですよ！」

「……ありがとうよ、それじゃあ早速上へ上げてもらおう」

「だから……耳が遠いのかなあ？　誰も泊めないんだよ！」

「はあ？」

「尾張大納言様がお泊りになるんだよ！」

「わしも泊まるよ～」

「お爺《じい》さんは泊めないよ！」

「いまのところが聞こえない～」

さんざん翻弄されて、これも行燈部屋へ上がり込まれた。

この二人、宿屋が尾張大納言を迎えるために新築した新座敷に深夜に入り込み、金屏風《きんびょうぶ》に絵を描くわ、床柱《とこばしら》に大黒様を彫るわ、いたずらの限りを尽くした。……せっかくの新座敷が、墨と木くずでべとべとになる。

実はこの二人、名工左甚五郎《ひだりじんごろう》、そして絵師、狩野派《かのうは》の総帥《そうすい》・狩野探幽《かのうたんゆう》だった。


「左甚五郎旅日記　掛川宿《かけがわじゅく》」。この話はどこでやっても受けます。お客さん、お腹抱えて大笑い。名人気質《かたぎ》の二人の腕比べ。この二人の、人の迷惑や、世の中の常識なんて顧みない、意地っ張りで、ちょっと愛嬌があって、自由すぎるところが、心をのびやかにしてくれるのだと思います。

ぼろぼろの格好をして、旅の中で仕事をする。

そう、大道芸だった浪曲は、旅の話が多い。

お酒が大好きで、煙草も大好きで、気が向いたら、彫る。興が乗ったら、描く。新座敷で、探幽が新品の金屛風に竹に雀《すずめ》の絵を描いたのは、新座敷にかかっていた掛け軸に制作意欲をそそられたため。その探幽が描いた絵にそそられて、甚五郎は、床柱に大黒様を彫りこむ。偏屈《へんくつ》上等。こんなリスキーで自由極まりない生き方ができるのも、二人に特別な才能があるからだ、とは思うけれど、果たしてそうだろうか。

忖度《そんたく》という単語。昨今流行《はや》りましたね〜。こんなに流行るまで、読めなかったですよね。空気を読む。相手の希望を推し量る……怒られないように、地雷踏まないように、人と違わないように、いじめられないように、仲間外れにならないように、生きる。

のは、やめたい。極力、左甚五郎的でありたい。

国友忠

あるがまんまの自分であることを恐れずに、図々しくいたって、いいんじゃない？　って、思うけどなかなかできないけど、でもだからこそ、浪花節の中にいきいきと生きてる、図太い偏屈に、人は喝采《かっさい》を送るのだと思います。

いままで出会った中でもっとも偏屈な人は、国友忠《くにともただし》先生。私の三味線を弾いてくださっている、沢村豊子師匠が長年相方を務めた浪曲師で、実に、名人です。

府中（東京）のとび職の頭の長男として生まれ、小さい頃から芸事が好きだった。頭がものすごくよくて、陸軍中野学校を卒業して、第二次世界大戦中は中国大陸で、中国人になり切ってスパイ的な活動をしていたという……ちょっと息を呑んでしまうようなご経歴。敗戦後、浪曲に復帰。主に放送浪曲分野で大活躍されました。芸もすごいが、作家としてもすごい。生涯に一千本以上の台本を書かれました。

二〇〇五年に八十六歳で亡くなられ、生きてたら今年百二歳です。

この国友先生のところに、晩年の二年間、出稽古《でげいこ》に通ったのですが。

この方が……難しい方だった。

そりゃ、そうでしょう。若き頃、人を信じるな、という教育を受けられた方です。基本的に人嫌い。なのにさみしがりや。

こういう方に、どう対応すればいいんですかね。いまだにどれが正解だったのかわからないんですが、お稽古厳しい先生でした。

前回注意したところを直していかないと、それ以上お稽古してくださいません。

熱が入ると時間を忘れて、昼から、夜までぶっ続けで稽古になる。私は長時間の、緊張度の高い稽古で疲労困憊《こんぱい》、帰宅後、熱を出したことが何度もありました。

しかも。国友先生、お稽古に通ってるのに、ネタを一席のうちの半分しか、教えてくれないんです。

忘れもしない、「小田原《おだわら》の猫餅《ねこもち》」という演題です。

左甚五郎伝の一節です。甚五郎がお婆さんを助けるお話です。

「これを覚えてごらん」と、前半だけ、やってみせてくださいました。音に録《と》らせていただき、覚える。やってみる。違うところをご指摘受けて、また覚えなおして。

でも、通っても通っても、前半だけ。通って通って、でもまた前半だけ。後半を教えてくださいとお願いしても、教えてくださいません。

なぜ教えてくれないのか。私以上に、豊子師匠がじりじりして、ついに先生に噛《か》みついた。

「先生！　なんでこの子に教えないんだい？　芸はね、あの世へは持っていけないんですよ。先生の芸をこの子に教えなければ、先生の芸は消えちゃうんですよ！」

豊子師匠が涙ながらに頼んでも、先生、にやにやするばかり。

口惜《くや》しい。なんで教えてもらえないんだろう。そんなとき。豊子師匠のカセットコレクションの中に、先生の「猫餅」の録音を見つけた！　聴いて、まるっと覚えちゃいました。覚えたら、やりたい。でも、先生のお許しなしにはできない。そもそも、覚えちゃったことを先生に言ってない。

そんな折、とある先輩からお仕事をいただき、豊子師匠と、新潟に行きました。塩沢町の、大きな体育館のようなホール。地元の老若男女の方々でいっぱいでした。昔、この辺りにも、旅回りの浪曲が来たという。

「アンタさ、東京の仕事だと、先生に聞こえちゃうかもしれないけど、ここならわからないから、猫餅、やっちゃえば？」

豊子師匠の悪魔のささやき。いや、長年先生の相三味線を務めた豊子師匠が「やれ！」というなら、やらないわけにはいかない（と、自分を納得させた）。

やりました。「猫餅」初演。

これが、受けました。

実に、初めて浪曲師として経験する地方公演のお仕事だったんで、お客さんの笑い転げる様子を見て、びっくりしました……東京の寄席とは、お客さんの感じが全然違う。こんなに受けるのは初めてでした。

豊子師匠、受けたことすごく喜んでくれた！　のはいいけれど、あろうことか。

——国友先生に報告した。

「先生、あの子ね、猫餅やって、受けたんだよ！」

……その晩、カタカタカタ……ＦＡＸが入りました。国友先生から。

「お豊さんから聞いたが、私が許可しないものを、お前が人前で演じるようなことを、まさかするまいね」

……真っ青。翌日すっ飛んで行き、平身低頭、お詫びをしました。

先生は怒っていませんでした。静かに、話をしてくださいました。この演題には特別な思いがあることを。

敗戦後、ＧＨＱ（連合国軍総司令部）は、日本のあらゆる表現媒体に対して、検閲を実施しました。日本浪曲協会も「演劇演芸ニ関スル検閲規定」というのを受け取り、それにより、軍国主義的な演題はもちろん、義士伝、俠客物、廓《くるわ》ものなどの演題はほとんど上演不可能になってしまいました。それは浪曲にとって、飯のタネを奪われたも同然です。

そんなときに、この、浪曲ファンタジーともいうべき「小田原の猫餅」は、全国どこへ行っても、老若男女問わずよく受けた。みんな楽しく笑ってくれた。この演題のおかげで救われたのだ。

「だから、あだやおろそかに演じてほしくはないのだ」

……これにはずん、ときました。そうだったのか……でも、話してくださってよかった。偏屈な人に、ものを語らせるのは難しい。災《わざわ》い転じて福、みたいなことでしたが、先生を怒らせてしまったからこそ、先生の思いに触れることができた、のかもしれません。

その後、一席最後まで丁寧にお稽古していただきました。この演題は、一言一句、先生に教わったままに私は演じており、この演題で覚えた節《ふし》は、私の宝物になっています。

豊子師匠？　しゃべっちゃったことを、微塵《みじん》も、反省してませんでした。

「だって、アンタ、受けて嬉しかったんだよ」……以上。

8　流されて生きる〜浜六師匠も奈々福も

明治二十年代の東京でのお話です。「浪花節」はまだ生まれたばかりの芸能でした。大道芸から、やっと、寄席にも上がれるようになり、少しずつ人気が出てきた頃。「浪花節になりたい!」という言葉に、夢があった頃です。

浪花節(=浪曲師)になる夢を捨てられない、天涯孤独の浪太郎《なみたろう》が入門したのは、石川《いしかわ》家《や》浜六《はまろく》という師匠。ところがフタを開けてみたらこの師匠、万年前座であった。人に紹介されて弟子入りをした師匠が万年前座。浪太郎、天を仰《あお》いで溜息《ためいき》をつく。

この浜六師匠。前座暮らしにも年季が入っている。二十年以上前座のまま。芸は下手。もともと石川亭小浜という名人の弟子で、将来を見込まれて、その人の一人娘を嫁にもらったのに、向上心というものがなく、夫婦生活は破綻。以来ずっと前座暮らし。持ちネタはたった三つ。そうして二十年経《た》ったころ、ひょっこり入ってきた弟子志願者。浪太郎が有望と知ると「浪太郎や、頑張れよ、頑張ってこのわしを食べさせてくれよ」……以降、浪太郎とその稼ぎに、完全にぶらさがる人生。

こんな師匠にぶらさがられつつも、浪太郎、必死で芸を磨き、艱難辛苦《かんなんしんく》を乗り越えて……売れっ子になっていくのです。

正岡容作「浪花節更紗」のあらすじです。正岡容は作家。桂米朝《かつらべいちょう》師匠や、小沢昭一《おざわしょういち》さん、劇作家の大西信行《おおにしのぶゆき》先生、俳優の加藤武《かとうたけし》さんなどが師と仰いだ方です。玉川の子である私にとっては、二代目勝太郎のために「天保水滸伝」を浪曲化してくれた大先生です。

お酒の上が相当悪かったらしいですけれど、芸が大好きで、みずからも舞台に立ち、中でも浪曲が大好きだった人です。没後六十二年になります。

その人の短編小説「浪花節更紗」を、私が浪曲化しました。この作品は「浪曲」という芸の解説にもなるような内容で、初めて聞く方々にも、笑いが多くほろっとする部分もあって、好きな一席です。

この浜六師匠。始末に負えないんだけれど、描かれ方が、可愛いんです。

「浪太郎や、シャモが食べたい」「今夜あたりはうなぎにしたいネ」「どうだいお前もよく働くことだから、今夜あたりすっぽんでも一緒に食べては」……その言い方がいかにも罪がなく。ついつい浪太郎は言うことを聞いてしまう。支払いはもちろん、浪太郎である。

本人は危機を乗り越える算段もせず、向上心もなく、流されて生きるままなんだけれど、困った頃に何かが現れ、生き延びて、けっこう幸せに生きてるんだよなあ。

その意図せぬ強運っぷりが、うらやましい……。

え？

いや、振り返れば私も、浜六同様、流されて生きているではないか。

実は私は浪曲師になりたいと、志してこうなったのではありません。出版社の正社員として働いていたんですが、習い事のつもりで入った三味線教室で、のちに師匠となる玉川福太郎に「うちに遊びにおいで」と言われて、うっかり遊びに行ったら、弟子入りの話になっていた。

そんな半端な弟子入りだったので、向上心はそもそもなく、定席の木馬亭にもあまり行かないし、稽古にも行かないし。

数年経っても、下手なままへらへらしている私に業《ごう》を煮やした師匠。

「浪花節を一席覚えてみて、どう弾いてもらったら浪花節が助かるのか経験してみろ！」

一旦は抵抗したんですが、結局は、師匠に言われるままに一席覚えて舞台に立ったら、なんか浪花節のほうの勉強会の誘いが来たり仕事が来たり、豊子師匠に出会ったり……。

で、会社も辞めちゃって、浪曲一本になっちゃって、いまに至る（大変おおざっぱですが、そんなもんです）。

私は本来何に向いていたのだろうか。好きなことを職業にできるのだろうか。そもそも何が好きか。夢は何であるか……そんなことを、考えたことも、あったかもしれない。でも、それ考えすぎると、強迫観念になってしまうし、何に向いているかなんて、わかりようもない。

私はいまだに浪曲に「向いている」とは、微塵も思っていません。ずっとモラトリアムで、さほど考えもせずに流されるままに、師匠の言うことを聞いているうちに、浪曲の世界にだんだん深入りし、その中で浪曲の魅力に目覚めてしまいました。

たった一つ、よかったかもしれないと思うのは、来るものを面白がれた、からかもしれないです。

流されて生きる。いまも、そう。もちろん、浪曲で生きていくことに、いまは意志も確信も持っているけれど、不安定極まりない中で、ざっぱーんと波に洗われることを、流されることを、恐怖しながらも楽しんでる部分があります。

波打ち際が、好き。

これも、浪花節的ココロ。まことに浪曲的なことではないか、と思ったりいたします。

9　命と覚悟と恋情と〜小松村七五郎の女房お民

どうも浪曲の登場人物たちは、命を軽く扱います。「一人の命は地球より重い」と、かつてこの国の総理大臣がおっしゃったそうです（いまの総理大臣がそう思ってるかは知りませんが）。

清水次郎長伝の中で唯一女性が大活躍する話があります。「お民《たみ》の度胸《どきょう》」。森の石松の兄貴分小松村七五郎《こまつむらしちごろう》の女房お民という人のお話です。映画や小説では「お園」という名前で出てきたりもしています。

自分たちが間もなく斬られて死ぬかもしれない絶体絶命の状況の中で、亭主にさらりと、「二人で心中したと思って諦めちゃおう」なんて言うのです。

諦めちゃおう？？？

森の石松という人も、親分次郎長に対して「惚れたおめえに斬られて死んだら本望だい。さ、遠慮なく、斬ってやっておくんねえっ！」と、親分の前にあぐらをかき、首筋ぴしゃりと叩いて啖呵を切る。

おいおいおいおい。

なぜ、彼らは命を軽く扱うのか。

やくざもの、というのは無宿人。江戸時代の戸籍に当たる「宗門人別帳《しゅうもんにんべつちょう》」から名前を外された、文字通り世間のはみ出し者です。社会の最下層の、吹けば飛ぶような存在であることを、彼らは痛いほどに自覚している。そんな人間にとって、命を賭ける瞬間だけが唯一の自己証明、だからではないか。

それにしても、その大胆さよ。

では、何に命を賭けているのか。

――自身を裏切らないこと。自分の、誠。

私が浪曲の登場人物たちに惚れるのは、ここです。

浪曲の中の人たちの、大きな美徳です。

「命を失っても、自分を裏切らない」

人と生まれて、こう生きられたら本望だ。またよりによって、絶体絶命の状況で、恋情をほとばしらせたりするから、こっちは演じてて……気持ちいいやら可笑しいやら。

遠州小松村の半かぶち（親分を持たない、セミプロのばくち打ち）七五郎。森の石松と子どもの頃からの兄弟分。都鳥《みやこどり》一家に追われ傷を負った石松を、家の押し入れにかくまう。都鳥一家は石松を追って、身内を連れて間もなくやって来るに違いない。

七五郎は、女房のお民を喧嘩《でいり》に巻き込みたくないので、離縁を切り出す。ところがお民は笑い出す。何の罪があって離縁になるんだい。やつらが来てお前が斬られて死んだら、あたいも一緒に斬られて死のう。胸のすくような啖呵を切ったかと思うと七五郎に身を寄せて……。

「惚れて女房になったんだ。その惚れたお前と一緒に死んだら、あたしゃ本望さ。七さん。あたしゃお前に惚れてるんだ。早く二人で、よう、死にたい、よう……」

おいおい、そんな色っぽい声出してる場合じゃないだろう、間もなく都鳥一家が斬り込みに来るんだぜ。お民、大した度胸です。

案の定、都鳥一家がやってくる。七五郎はお民を気遣うが、お民はまったく動じない。どやどやっと入ってきた都鳥一家。「石松は来たろう？」と長脇差を抜いて、七五郎に詰め寄る。

と七五郎、何を思ったか「ああ、石松は確かに来た」と答えてしまうのです。聞いてお民は、驚きあきれる。

「あらっ！　まあっ！　いくじのないヤツだね。陰じゃ大きなこと言ったけど、十本の脇差を目の前にして、てめえの命が惜しいから、兄弟分の命を売りやがった。押し入れの中で石さんが、さだめし恨んでいるだろう。イヤなヤツだねこん畜生。こんなヤツと知ったら、あたしゃ、女房なんかになるんじゃなかった。なんだってこんなヤツに惚れたんだろう。あとで惚れたの返してもらおうかねえ、こりゃまあ……」

殺気立つやくざ十人に取り囲まれながら、お民は、ドス抜いてる男たちのことなんか、まったく眼中にない。腰抜け亭主への怒りしかない。

ところが七五郎は都鳥一家を翻弄《ほんろう》しただけのこと。

「石松が来たのは昨日のことだ、今日はまだ来ねえや！」と亭主が見事な啖呵を切るとお民、「えらいっ！」と、心の中で叫ぶ。

「……へえ、びっくりしたねえ。連れ添う女房のアタシまで、一時どき～んとさしといて、あとの文句がよかったよ。昨日は来たが今日は来ない。ざまあみやがれこん畜生！　七つぁんの強いところはここなんだぞ、ほんとに。アタシゃ、七つぁんのここんとこィ惚れたんだから。どうだいまあ七つぁんは、見れば見るほど、いい男だねえ……」

亭主の背中を、まあ色っぽい目で、惚れ惚れと眺める。やくざ十人が目をぎらつかせている中で。

なんなんだ、この素敵さは。

絶体絶命の窮地において、恐怖にも保身にもとらわれずに、恋情ほとばしらせる。斬られたっていいよ、アタシはこの男に惚れてるんだ。

命を捨ててる、ように見えるけれど、実は自分の「誠」をこそ、一番に貴んでいる。

こんな度胸はないけれど、自分の誠を大事に扱うことは、真似したい。


このところ、性犯罪のニュースがとても増えている気がします。いままで表に出なかったものが多少なりとも出るようになったのかと思う半面、女性を、子どもを、社会的弱者をあなどっているとしか思えないような陰湿なニュースばかり。

個人的なルサンチマンを征服欲に変えて攻撃しているとしか思えないような。

しかもそれがマスコミやＳＮＳで扱われるとき、セカンドレイプに等しい状況になることもしばしば。

腹の底から湧き上がる怒り、絶望。世の中が荒れてきている、人間性が損《そこ》なわれてきている、と肌で感じます。

それに対して勇気を持って闘っている女性たちも、たくさんいます。

闘う彼ら、彼女らに、精いっぱいの感謝と共感と称賛を。

男と女が。いや、人間同士が、ちゃんと向き合うのって、実はとっても難しい。

七五郎は気の強いお民にしっかり向き合う腹がある。お民は、七五郎に惚れているし、尊敬している。そしてその男に負けない度胸を発揮し、ぎらつく刃《やいば》の下で、男への恋情をほとばしらせる女の可愛さと図太さを、こんな時代に、せめて私は、力いっぱい演じたい、と思うのです。

10「食う」ことへの執念。~阿武松緑之助

「なんで、木馬亭の楽屋って、あんなに食べ物があるの?」

日本で唯一の浪曲の定席、浅草木馬亭。毎月一日から七日、昼の十二時十五分から十六時すぎまで、かわるがわる浪曲師が出てきて一席ずつ申し上げておりますが、途中一席、講談が入ります。その講談の先生方が、木馬亭の楽屋に入って驚かれるのが、コレらしい。

ちゃぶ台の上に、やたらに、食べ物がある。

それでも最近は減ったほうだと、入門二十六年目の奈々福は思います。だいいち、漬物

がのっかることがなくなりました。お弁当も、最近はまず、ない。曲師の沢村豊子師匠が必ず楽屋に差し入れてくれる、奥山おまいりまち商店街名物浅草たこ丸さんのたこやき、東家浦太郎師匠からのおにぎり、大利根《おおとね》勝子《かつこ》師匠からのロールパン、お客様からのお菓子……くらいになりました。

あ、九十八歳現役曲師の玉川祐子《たまがわゆうこ》師匠はいまでも、その日の朝につくった味付け卵を持ってきてくださいますがこれ、絶品。

「前の晩つくっちゃうと美味《おい》しくないんだよ。その日の朝じゃないとね」

そういえばこの間は、曲師の伊《い》丹《たみ》秀《ひで》敏《とし》師匠が、スイカをまるごと持ってこられて、前座さんたちが盛大に切って、ちゃぶ台がスイカだらけになってたなあ。

この間の、私の朝の勉強会のときには、豊子師匠が木馬亭前の君塚食堂に、もつ煮込みを注文して、舞台に上がる直前の化粧前にどーんと煮込みのドンブリが置かれ、楽屋中がその匂いでいっぱいになりました。

玉川祐子（左は玉川太福）

これから舞台で、新ネタをおろそうって、その出の直前に。

「アンタ舞台終わったら食べなさい。こらあげんは、

東家栄子

カラダにいいんだよ！」

朝っぱらからもつ煮込み。こらあげん……。

浪曲の楽屋しか知らないから、これがふつーだと思っていたけれど、落語や講談の方々には驚かれます。


楽屋に女性が多いせいもあります。お漬物は、私の大師匠、三代目玉川勝太郎先生の妹さんがよく持ってきてくださいました。それを台所で切って、皿に盛って出すのが前座の役目。美味しかったなあ。あと、曲師の東家栄子《あずまやえいこ》師匠（九十二歳まで現役だった！）が、手作りのお総菜をタッパーに入れて、いくつもいくつも持ってこられ「食べてね」と。

そもそも木馬亭の小さい台所でご飯つくる（！）、なんてことをしてくれたのは、毎日、木馬亭の木戸に陣取って、お席亭・根岸のおかみさん以上に「木馬亭の主」のような顔をしておられた、浪曲研究家の芝清之《しばきよし》さん。終演後の楽屋で、浪曲の歴史についての講義をよくしてくださったのですが、講義の前に、鍋でご飯炊いたりおでんを煮込んだりしてふるまってくれました。

百歳まで現役を貫かれた木村若友《きむらわかとも》師匠は、着物の後見《こうけん》（着物の着替えや舞台のための準備、また舞台を降りてこられてから着物などの片付けをすること）をさせる若手と担当曲師にはそれぞれに、ご長女のマサコさんの手作り弁当を、その他の出演者が食べる用にも、大きなお弁当を毎回持参され、都電荒川線をかたどった都電最中も持参され、お出番前に、ご自身ももりもり食べておられました。

そう。浪曲師は、よく食べるんです。出番前にも食べるんです。

講談や落語の方々にうかがって驚いたことがあります。たとえば、午後から、もしくは夕方から仕事がある場合、朝から何も食べずに高座に上がる、という方が多いらしい。

……あり得ない！　浪曲は空腹じゃあできません。

うちの師匠も、出番の時間から逆算して、「まんま」を食べる時間と内容を考えていました。腹ペコでうなったりしたら、お腹に空気が入ってがぷがぷしちゃう。理想を言えば、だいたい出番二時間前までに、コメの飯をぎっちり詰め込みたい。

そして、浪曲の古い師匠方は、なにより、若手がお腹すかせてないかを心配するのです。芝さんが楽屋でごはんつくってくれてたのもその表れです。お腹すかせたまま帰すことをとっても嫌う。

師匠のかばん持ちで仕事に行く。師匠の家に帰りつくと、曲師として一緒に仕事に行った師匠のおかみさんであるみね子師匠が、ものすごく手早く晩御飯をつくってふるまってくださるのが常でした。

豊子師匠のおうちにお稽古に通い始めた頃。お稽古が終わると、お師匠さんはいつも「けんちんうどん」を蕎麦屋さんに注文してくれて、ご馳走になってから家に帰りました。いまでもお師匠さんは、お稽古が済んだら、「アンタ、お腹すいてないかい？」と、必ず聞きます。だから、若手は入門すると、必ず太る。でも、先輩たちのその言葉には、とりもなおさず、お腹すいてつらかった記憶がこもっているのだろうと、私は思うのです。

そんな浪曲の演題には、案の定、腹を減らした人がたくさん登場します。

中でも、一番の大食漢は、第六代横綱となった「阿武松緑之助《おうのまつみどりのすけ》」ではないか。能登の七尾の在、百姓の倅《せがれ》の長吉。小さい頃から大力、大食漢。親が養いきれず、江戸の相撲になれば「飲めばのみりき、食えばくいりき」、腹いっぱいまんま食わしてもらえると聞いて江戸へ出て、武隈文右衛門《たけくまぶんえもん》という相撲取りに入門した。

下働きを一手に引き受けよく働くのだが、問題はその食欲。食べ方が半端じゃない。朝めし前の茶漬けから始まって、朝めし、昼めし、晩めし前の腹ごしらえ、晩めし、夜中にお茶漬け五、六杯と……日に六回も食べる。異常なコメの減り具合に驚いたおかみさんから話を聞いた親方は、「大飯食らいは出世したためしはないいんじゃい！」と、長吉に破門を告げる。

追い出されて、街道筋を歩き出したものの……国へ帰れば笑いものになるだけ。死のうとしたとき、親方が投げてよこした一両小判と、兄弟子連中の餞別《せんべつ》三百文が懐にあったことを思い出した。

「おらあ、生まれてこのかた、いっぺんも、腹いっぺえ食ったことがねんだ。これだけあれば腹いっぺえ食えるだろう。食ってから死のう！」

東海道は川崎宿。橘屋《たちばなや》という宿屋で、金を女中にあずけ、死ぬ気で食べ始める。

食べも食べたり、三升と十八杯。

驚いた店の主人が理由を聞いて、これこれこうとわけを話すと、同情した主人が、贔屓にしている相撲取りの親方を紹介してくれるという。

「ありがとうごぜえやす！　ありがとうごぜえやす……が、旦那様、その親方は、まんまのほうは大丈夫でごぜえましょうか」

同じことは繰り返したくない。「食わしてもらえるのか？」ここ、念押ししておきたい。

いいなあ、長吉。生きるためには「まんま」が基本よっ！

あきれながらも主人は、これもご縁と、年に三十六俵のコメを貢《みつ》ぐことを約束する。

この宿屋の主の情けにより、食べに食べ、稽古にはげみ、横綱・阿武松とまで出世する……という、いかにも浪曲らしい、ほんわかとした出世譚《たん》です。

炊き上がったお米の甘い香り。一粒でも半粒でも残したらもったいないと、お櫃《ひつ》にお茶をいれてきれ〜いにさらうところ。小さな茶碗に白飯をよそい、その上にたっぷりわさび醤油をつけた赤身の刺身をのっけてぱくりと食べるところ。しじみの味噌汁飲むところ。

そういうところを丁寧《ていねい》に演じよう、と、思っています。

「お腹すいてないかい？」を、なにより心配する浪曲で、「食う」ことへの執念、食えることの、しみじみとしたよろこびが伝わることこそ、浪花節のココロだもの。

しかし、大飯食らいは見込みがないだなんて、阿武松の最初の親方、武隈文右衛門、冗談にもよく言ったもんだよなあ。アンタ……浪曲師全員を、敵に回すわよ。

11 貴いオロカモノたち〜デンスケとマボロシ

其《そ》れはまだ人々が「愚《おろか》」と云う貴い徳を持って居て、世の中が今のように激しく軋《きし》み合わない時分であった。

……大学生の頃。冒頭のこの一行から始まる、絢爛《けんらん》な世界に心を持っていかれました。谷崎潤一郎《たにざきじゅんいちろう》の初期短編「刺青《しせい》」。これがずっと胸にありました。

「それはまだ人々がオロカという、貴い心を持っていたころのお話でございます。日いずるかたの果てに、小さな島国がございました。その国の都の人々は、日々の心のなぐさみに、金魚という赤い魚を、愛《め》でていたのでございます」

奈々福のオリジナル浪曲「金魚夢幻《きんぎょゆめまぼろし》」の冒頭は、谷崎の、この一節へのオマージュです。そう。世の中がおっとりと、おろかでゆるやかできしみあわず、赤い魚などをのんびりと愛でて暮らしていたころのお話。そういう世界を描きたかった。

都に小さな養魚場を開く、金魚師のデンスケは、数々の見事な金魚を生み出してきたが、稼いだ金をまたぞろ新しい金魚づくりにつぎ込み、借金だらけ。金貸し金兵衛に、次の品評会に参加しなければ、養魚場を差し押さえると脅されている。

デンスケはかつて、燃えるように赤い和金《ワキン》の「クレナイ」をつくりだし、彼女に心底惚れ込んだが、クレナイは自由を求めて生け簀《いす》を飛び出し、結局土の上に落ちて死んでしまった。

失意のデンスケの心を救ったのは、クレナイの子の、マボロシ。空に憧《あこが》れたクレナイの願いがまるで宿ったかのごとき、真っ青な色をした美しい金魚。デンスケはマボロシにほれ込んだ。ところが、ほかの金魚とは似ても似つかない色ゆえに、彼女は生け簀でひどくいじめられ、生きる意味を見失いかけていた。しかし、デンスケから「俺の宝」と言われ、生きる希望を見つける。

この世界初の青い金魚に目を付けたのが、金貸しの金兵衛。これを品評会に出したなら、借金返済どころか、金魚長者になれると、デンスケから奪い取って、クリスティーズのオークションに出品する。

マボロシを落札したのは、アラブの油田王。それに従って、遠く中東まで運ばれたマボロシであったが、彼女は夜な夜なデンスケの泣き顔を夢に見た。ことによったら彼に何かあったのではなかろうか……。いてもたってもいられなくなったマボロシは、生け簀で鍛えた尾っぽをひとふり、チグリス川へと飛び込んだ！

ありえなーーーーーい！　というお話。ファンタジーです。人間と金魚。種を超えまくっての、真心の交流の物語。

金魚師・デンスケ。世間的には、お金にうとい、金魚馬鹿、でしょう。でも、彼の幸せの基準はそこにはない。美しい金魚を生み出したい。そのための苦労は厭《いと》わない。そして生まれた世にも美しい金魚を愛でて暮らすことが彼の、生き甲斐《がい》。

一方、豊かなコブもなければ長いヒレもない、たかが和金。赤くもなければ黒くも白くもないマボロシは、「選ばれた」他の金魚たちからいじめられる。マボロシは、既存の美しさの基準からははずれていた。でも、彼女の存在が「新しい美」、そのものだったのです。

いや、そうじゃない。彼女は美しいから自分を取り戻したのではない。デンスケが、お前はお前でいいのだよ、と言ってくれたからこそ、彼女は、自分の人生を取り戻す。

世の中からはずれた人間と、他のどれとも似ていない色に生まれついた金魚。それは、恋なのか、愛なのか、執着なのか……互いを求めあい、あり得ない苦難を超えて、命の終わりまでともに生きる……という物語です。

価値というものは、人から与えられるものではない、自分で見出すものだ。

自分はなにゆえ、浪曲を選んでいるのか、と、つねづね考えます。

浪曲に惚れ込んで入った、というような入門ではありませんでした。なにか浪曲の神様にからめとられてここまで来ちゃったような……もちろん、最終的には自分で選択したことです。でも……私の意志とは違うところで、どうにもこうにも逃れられない道へ、引き入れられてしまった感があります。

でも、私をからめとってくれた浪曲を、いまは誇りを持って選んでいます。

あらためて考える。なにゆえ、浪曲なのか。

浪曲を演じることで、何をやりたいと思っているのか。

最近、わかったのです。

私は貴いオロカモノの話がしたいのだ。

浪曲の世界に入ってこのかた、私の中にもふつうにある経済主義的な、効率優先主義的なものが、今に至るまで、壊され続けています。

……それを至上として生きてたら、到底浪曲の楽屋になんざ、いられません。愕然《がくぜん》とすることは山のようにありました。

弟子入り。

人生が強制的に変えられてしまいます。

師匠に仕《つか》える。

雇用関係ではない。

一から教えてもらって、稽古もしてもらって、師匠はお金のひとつも取らない。

「なんで、こんなに、無償で？」

でも修行の過程は非効率極まりない。

だいたい、メソッドがない。あっちへぶつかっては失敗し、こっちへぶつかっては失敗し、試行錯誤しながら自分で、道を見つけていかなければならない。

声をつくるのに、十年かかると言われて、へたりこみそうになる。

実際、年月かけて身体をつくりかえていかなければならない。

お師匠さんたちの言ってる言葉の意味がわからない。

お師匠さんたちの話、長すぎる上に脱線に次ぐ脱線で、呆然《ぼうぜん》とするけれども、口答えの一つも許されない。

こんなに働いて、もらえるお金がこんなにちょびっとなの、と驚く。

と同時に、身内でもないのに、こんなに温《あたた》かくしてもらえることにも、驚く。

「経済」「効率」という言葉が遥《はる》かかなたに遠のいていく～遠のいていく～。

効率主義的な脳みそに対して、誰より荒療治をほどこしてくれたのは、私を弾いてくださっている曲師の沢村豊子師匠です。私の、マンション5階エレベーターなし1Kの部屋が寝心地がいいって言って、その部屋に住み込んで、二年間帰らなくなっちゃったんですから。あり得ないでしょう、もう、四畳半に敷ききれないようなすごい羽根布団持ち込んで、人の箪笥《たんす》勝手にあけてパジャマ着て、私がごはんつくるまでにこにこしながら待ってて、人のつくった味噌汁飲んで「アンタの味はアタシに合うねえ」。私を、他人だと、たぶん思ってない。

その世界が……ちょっと（いや、かなり）つらくもあったけど、私は面白かった。

オロカで勝手で、自由な魂を持っている人たちが、この現代の浪曲界にも、そして浪曲師が語るお話の中にも数多く登場します。

森の石松も、俵星玄蕃も、下郎の度々平も、平手造酒も、左甚五郎も、経済基準、効率基準で言えば、おバカさんです。でも、一点、純なものを持っていて、それに従って生きている。自分を偽《いつわ》らない、芯がある。

貴い、オロカモノたち……私が心惹かれるのはそういう人たちであり、そういう人たちの物語を、語りたい。世の中は、昨今窮屈になりゆくばかりであるからこそよけいに、ひとときき、心ほどく瞬間を。

12　にんげんねもなくへたもない！

手帳のポケットに、一篇の詩をいつも入れてるんですけれど、この文章を書こうとして引っ張り出したら。

「あ……！」

ぼろぼろにちぎれてしまった……。新しく印刷して、入れなおせばいいんだけれど、長年大事に入れていたのに……ぼろぼろにちぎれてしまった紙切れを見て、呆然として、びっくりするほど切なく感じました。

大好きな、詩です。

「雑詩」　　陶淵明　川島雄三訳

人生無根蔕　にんげんねもなくへたもない
飄如陌上塵　みちにさまようちりあくた

分散逐風転　ときのながれにみをまかすだけ
此已非常身　しょせんこのみはつねならず
落地為兄弟　おなじこのよにうまれりゃきょうだい
何必骨肉親　えにしはおやよりふかいのだ
得歓当作楽　うれしいときにはよろこんで
斗酒聚比鄰　ともだちあつめてのもうじゃないか
盛年不重来　わかいときはにどとはこない
一日難再晨　あさがいちにちにどないように
及時当勉励　いきてるうちがはなではないか
歳月不待人　さいげつひとをまたないぜ

陶淵明《とうえんめい》は、中国の詩人。四世紀後半に生まれ、五世紀前半にこの世を去りました。日本で『古事記』が生まれる遥か前の文学者です。隠遁《いんとん》生活を楽しんだ詩人として有名です。

そしてこの漢詩の訳者は、川島雄三《かわしまゆうぞう》。かの「幕末太陽伝」や「貸間あり」を撮った映画監督です。

いい訳だなあ。

なんといってもぜんぶひらがな！　すなおで平易で、無頼が薫る。唇にのせたときの、七五、七七調の、ゴロのよさ。

この詩には当然、他の訳もたくさんあります。この訳を初めて読んだとき、てっきり井《い》伏鱒二《ぶせますじ》だろうと思い込みました。井伏鱒二の『厄除《やくよ》け詩集』。さまざまな漢詩を、井伏鱒二流に訳したもの。これもすばらしいのです。ところが川島雄三と聞いてびっくりした。川島雄三は井伏鱒二の大ファンだったのだそうです。

第一章の最後に、この詩を挙げることにしました。

第一章の文章はもともと、「アプリ版ぴあ」に一年間連載（二〇一八年一二月六日―二〇一九年一二月七日）したものに加筆をしています。連載タイトルは、「玉川奈々福の浪花節的ココロ」でした。これは敬愛する小沢昭一さんが長年パーソナリティを務められたラジオ番組「小沢昭一の小沢昭一的ココロ」へのリスペクトをこめております。

川島雄三といえば、小沢昭一と大変縁の深い、というか、小沢昭一さんが心から慕《した》っておられた映画監督ではないか。

小沢昭一御大を通して川島雄三へ、そしてはるか遠い陶淵明へのリスペクト。

この詩には、私が思う「浪花節的ココロ」が、詰まっているのです。

「人生無根蔕」……そもそも、人生なんて、よりどころのないものです。

というところから、始まる。

親がね、出身校がね、家系がね、財産がね……を「よりどころ」として認めない。

そして、人間全般に対する認識が「みちにさまようちりあくた」。

森の石松や、左甚五郎や、小松村七五郎の女房お民の自己認識だろうなあ。背負うものを何一つ持たない。身を要なきものと思いなしている。吹けば飛ぶような我が身である。

だから自由だし、いつ死んでしまっても、仕方ない。

保身のために、人生にセーフティネットを敷くことにキュウキュウとしているわたくしどもとは、そも、認識が違います。

でも本当は、石松のほうが真実を知ってる。

だって人生は、いつだって予測不可能なのだから。運命は想像を超えてくるものだから。

命は、いつ消えるのか、永らえるのか。そんなことは、わからないことだから。

風に、流れに、身を任せて、遊ぶように生きていくしか、ないじゃないか。

あはははは。

ああしようこうしようと思う人間の意志を、頭っから否定してますね。

いや、思うのよ。浪曲の登場人物だって。こうありたいって。

オノレを磨《みが》くことを、上を目指すことを、ハナッから諦めてもいない。じたばたもする。

でも、運命ってのは、そんなものを簡単に呑み込んでいく。

奈々福だって、浪曲師になるなんて思っていなかった。まさかの展開ですよ。

意志も持った。努力も、多少した気がする。頑張ったりもした。基本、前向きだと思うし。

でも。

意志は、欲望は、持った瞬間にそれが弱みにもなる。

風に吹かれるまま生きる。そのはかなさを知っているがゆえのふてぶてしいまでの強さ。

浪曲に出てくる人たちの多くは、社会の下層を生きる人間たちだからこそ、それを知っているのだと思います。

人生に対する諦念《ていねん》を持ったうえで、そこからのこの詩の展開が、すごい。

「おなじこのよにうまれりゃきょうだい」と、言っちゃうんだな。

路《みち》にさまよう塵芥《ちりあくた》同士が、身を寄せあい、互いに心を寄せあうことこそが貴い、と。

……ああ、ここに、浪花節的ココロが通うなあ。

「えにしはおやよりふかいのだ」

血縁とか権力とか主従とか貸借とか……そんなものでくくられる関係性を超える、かそかで細やかで色合いが豊かな「情」の世界が、浪花節にはあるんです。

同じ時代に、同じ場所に居合わせた、それだけがこの世のもっとも貴い「えにし」だ。

親兄弟の縁なんかより、深い「えにし」だ。

清水次郎長と、森の石松は、それを感じあってるだろうなあ。

「うれしいときにはよろこんで　ともだちあつめてのもうじゃないか」

ともだち、と思ったかどうか知らないが、笹川一家の食客平手造酒と一の子分勢力富五郎《せいりきとみごろう》が。浪人である俵星玄蕃と、赤穂浪士の杉野十平次が。馬術指南の曲垣平九郎と、下郎の度々平が。まったく違う身分・立場でありながら、それを超えて認め尊敬し、酒酌み交わし、情を通わせる風景があるのです。

こやつ、できるな。

貴様、なかなかいいやつじゃな。

旦那に惚れてますぜ。

おまいさん、見れば見るほど、いい男だねえ。

それを感じるためには、出自とか、家系とか、貴賤《きせん》とか、そういうもので目を曇らせちゃいけないいんだな。

目の前の人を、そのまんま問い、受け入れる、澄んだ目と勇気が必要なんだな。

時は無情に過ぎていく。この、ほのかにあたたかな感情はいましかない。

だからこの一瞬に賭けるのだ。

ああ、そんな生き方ができればいいなあ。


実際のわたくしは、浪曲をうなりながらも、雑事にかまけて、大事な人たちとの大事な時間を大事にできないままに過ぎている。仕事を理由に、うまい酒を酌み交わす機会も逸している。

「わかいときはにどとはこない」……ああ、もう手遅れかも。

「あさがいちにちにどないように」……ああ、その言葉に刺される！！！

せめていま、大事な人たちの悲しみを見逃さないように。

せめていま、大事な人たちと、喜びをともに喜べるように。

私自身の喜びと悲しみを、思い切り喜び思い切り悲しめるように。

浪曲の登場人物に憧れ、少しでも近づきたいからこそ、心を込めて、演じたいと思うのかもしれません。

小沢昭一さん、今年生誕九十二年。亡くなられて丸八年になります。私は入門して二十五年が経ちましたが、この間に大事な師匠、大事な先輩たち、尊敬する方々を数多く亡くしました。

「いきてるうちがはなではないか」

「さいげつひとをまたないぜ」

浪曲に溺《おぼ》れつつ、生き方を、日々、浪曲に問われている、わたくしです。

【コラム　浪曲Q&A】

Q&A1：浪曲はどういうスタイルでやるんですか？

これが浪曲の通常のスタイルです（左の写真参照）。

演者は、浪曲師と曲師（三味線弾き）の二人で、浪曲師は美しいテーブル掛けのかかった演台を前に立ち、曲師は上手《かみて》側に座って、さまざまな物語を、節《ふし》（歌うような部分）と啖呵《たんか》（語りの部分）を織り交ぜて演じます。

三味線には譜面がなく、演者と即興で息を合わせていきます。

節の部分だけではなく、啖呵の部分でも、演者の呼吸を受けたり、場面によっては、BGM的な音を奏でたり、演者の背中を押すような掛け声を出したりします。

浪曲の舞台（浪曲師：玉川奈々福、曲師：沢村豊子）

Q&A2：浪曲の演台にかかっている大きな布はなんですか？

業界用語で「テーブル掛け」と申します。百五十年前、浪曲黎明期《れいめいき》は、演者も三味線も二人並んで正座して演じていたようですが、明治後期、浪曲中興《ちゅうこう》の祖《そ》と言われる桃中軒雲右衛門《とうちゅうけんくもえもん》の登場以降、演台に布をかけて立って演じるスタイルになったといわれています。

これはお客さまから贈っていただくもので、デザインもさまざま！　奈々福のテーブル掛けは、絵師の深堀隆介《ふかほりりゅうすけ》さんに、浅草の平野商店さん調整の塩瀬《しおぜ》という絹の布地に直接描いてもらったものです。

Q&A3：浪曲はどこで聴けますか？

日本で唯一の浪曲の定席が浅草にある木馬亭です。毎月一日から七日、昼の十二時十五分から十六時過ぎまで、浪曲七席と講談一席が聴けます。木馬亭以外でも、（一社）日本浪曲協会主催の寄席として、「毎週通うは浪曲火曜亭（現在は休止中）」また、「浪曲日本橋亭」「浪曲広小路亭」などを定期開催しています。（一社）日本浪曲協会のサイトに、協会主催公演についての情報が載っています。https://rokyoku.or.jp/

また、演者ごとに、ブログやツイッターで発信しておりますので、お好みの演者の名前で検索してください。ちなみに、奈々福の公式サイトはこちらです。https://7729.jp/

第二章　〜ああなりまして、こうなって——玉川奈々福ができるまで

人生は、何が起きるかわからない！

自分の来し方のことを書くなんざ、野暮《やぼ》です。

いや、書いておいたほうがいいかなという理由が、一つだけあります。

毎年数回、小学校に行って浪曲をする機会があります。

寄席や、独演会に来てくださるお客さんは、「聴《き》こう」と思って来てくださいます。

ところが、小学校の授業で浪曲……子どもたちに、聴きたいというモチベーションは「皆無《かいむ》」です。

その子たちに、こっちを向かせる。これ、一番腕力いる仕事。大汗。

日本の伝統芸能なんて、自分とは関係ないと思ってる子たちに興味を持ってもらうために、奈々福はいつも「キャリア教育」から入ります。

「日本の伝統芸能をやっている人は、そういうおうちに生まれて、小さいときからお稽古《けいこ》していて、みんなとは全然違う、関係ない人が来たと思ってるでしょ」

「うん！」（↑ホントに元気よく、臆面《おくめん》もなく、言うのよ……とほほ）

「皆さんは、来年中学校に入って、高校に行って、大学行く人も、就職する人もいるかもしれない」

「……」

「私も中学高校を出て、大学に行きました。そのあと就職しました。本をつくる仕事に就《つ》きました。ずっと会社員のつもりでした。でも！　いまこうなってるの。人生何が起こるか、わからないのよっ！」

ほんのちょっと、子どもたちの表情が、変わります。

そうなのよ。これを読んでくれてるアナタ。人生は、何が起きるかわからないんだ。

誰がイマドキ「浪曲師になる」という人生の目標を掲げるものか。でも、こうと決めて進むんじゃなく、流れてみた先に、とんでもない展開が待ってるもんです。

芝居にアコガレ、諦めて

両親が浪曲師だったわけでも、浪曲好きでその影響でなったわけでもありません。

亡き父は、私が生まれた頃はトラック運転手だったらしいです。その後、土地開発の事業を興《おこ》した人でした。両親ともに教育熱心でした。

父は子どもの目から見ても面白い人でした。体も声も大きく、親分肌で情にもろくて弁が立つ。

三重県松阪市出身。生みの母親を知らない人でした。理由《わけ》あって実の父親のもとで暮らすことができず、親戚に預けられ、小さい頃から苦労したらしいです。中学を出たあと名古屋で丁稚奉公《でっちぼうこう》をし、そのあと、横浜に出てきて、トラック運転手。事故で怪我をして会社を辞めてから、タクシーの運転手。テキヤをやって、香港フラワーを売っていたりもしたらしい。

その後、平凡社の百科事典を訪問販売するアルバイトをしたら、これがけっこう売れた。百科事典や図鑑の訪問販売が売れていた時代ですが、営業トークがうまかったんでしょう。営業、いけるかも、と思ったらしい。

転職して、今度は不動産屋の営業の仕事についたら、折から高度成長期でもあり、建売住宅が飛ぶように売れた。

横浜の中心部を流れる大岡川には、当時まだ水上生活者たちがいて、彼らを建設予定地に連れて行き、さら地に積もる雪の上に間取り図を描いて売ったとか、「バス停から3分」と宣伝したがために、夜中にバス停動かしたとか、武勇伝みたいな話を、いろいろしてました。その後、自分で会社を興しました。

母は、アンタは主にパパの血だとよく言っておりました。

この父の父親。私の生まれる前に死んだ祖父が、広沢虎造の大ファンだったということを聞いたのは、浪曲に入門したあとからの話です。

母は横浜の出身です。陸軍士官学校を首席で卒業したらしい祖父が戦後、商売で失敗して、中学に入った頃に一家離散のような状態になり、貧乏のどん底だったらしい。高校の夜学に通いながら昼間は働き、弟妹の面倒を見ていたそうですが、かたや、横浜の繁華街伊勢佐木町《いせざきちょう》で鳴らしたヤンキーだったという話も聞きました。

母も、家庭に憧《あこが》れていたのでしょう。十九歳で父と出会って結婚しました。先ごろ亡くなりましたが、芯は強いけれど、やさしい母でした。父を支え、娘たちを支えてくれました。この母の母。母方の祖母の一番上の兄が、浪曲師だったと聞いたのも、入門したあとからのことです。

私が生まれた頃は、浪曲はすでに斜陽の時代。「〽旅ゆけば〜」くらいは耳にしていたとは思いますが、浪曲に対する認識は、「ゼロ」でした。

横浜市戸塚区。いまは無《な》き、大船の松竹撮影所のすぐそばで生まれました。

公立の小学校に入学。入学式に保護者として参加した祖母曰く、校長先生が「皆さん、ご入学おめでとうございまーす！」と言ったときに、新入生でただ一人、大声で「ありがとうございまーす！」と叫んで、顔から火が出る思いをしたそうです。覚えてない。

小学校の頃はいじめられた記憶しかない。それでもあんまり暗い子にならなかったのは鈍感だったからじゃないかと思います。

舞台に立つ仕事をするに至る最初のきっかけになったと思われることは、小学校六年のときにたまたまテレビで見た文学座の「ハムレット」。衝撃を受けた記憶があります。ハムレットが江守徹《えもりとおる》さん、オフィーリアが太地喜和子《たいちきわこ》さん。テレビで見た新劇で？　と思うけれど、心をわしづかみにされてしまいました。

「演劇」というものがあることを、知った。

芸能的なものからは縁遠い家でした。むしろ、お祭りや縁日や、芸能のようなものから子どもを遠ざけるように、両親はしていたと思います。

がーんとやられた小学生のわたくしは、翌日から授業が手につかなくなり、授業中、ノートにずっと「ハムレット」の衣装の絵を描いていたのを覚えています。

中学は、神奈川県鎌倉市にある私立の中学高校一貫校、清泉《せいせん》女学院に進学しました。両親ともに高等教育が受けられなかったので、学歴や教育に対する思い入れがものすごく強かった。頑張って、私立に入れてくれたんだと思います。

中学に入ったら絶対演劇部に入ろうと心に決めていた。そうしたら、両親、大反対。

「演劇なんてものをやらせるために私立の中学に入れたんじゃない！」

祖母の言った一言にも驚いた。

「ああいうのは、河原乞食《かわらこじき》がやるものだから」

ＷＨＡＴ ｉｓ「河原乞食」？　その言葉を知らなかったので、びっくりです。どうして、芝居をやることを、こんなに反対されるのか。

演劇や芸能というものが社会からどう見られているのかを知りました。

それでもやりたいもんは仕方ない。必死に両親を説得して演劇部に入り、在学中、ずっとお芝居に打ち込んでおりました。

お小遣いを貯めて東京にミュージカルや映画を見に行く。池袋西武のアール・ヴィヴァンに、芝居関係の本を買いに行く。初めて東京で見たお芝居は、いまのパルコ劇場がまだ西武劇場だった頃の、ミュージカル「ヘアー」。時任三郎《ときとうさぶろう》さんのデビュー作でした。

とりわけ好きだったのがアメリカのミュージカル映画。「バンド・ワゴン」や「雨に唄えば」「ウエスト・サイド物語」「巴里のアメリカ人」……どの作品も何度も観ています。こんなに底抜けに明るくていいんだ、と驚いた。ジーン・ケリー、フレッド・アステア……ダンスにほれぼれした。パントマイムも好きだった。

ひと頃までは、高校卒業後はどこかの劇団に入って、お芝居の世界で生きてゆくんだと思い込んでおりました。ところが、そんな私に、父の一言。

「執行猶予と思って大学に行きなさい」

「教育は誰もうばうことができない」

学歴がないことで苦労してきた父の言葉。悩んで、大学進学を決めました。

というか。中学生の頃からお芝居の世界の情報をいろいろ仕入れていたので、現実的には、集団で踊ったり演じたりするアンサンブルは自分の性に合わないことや、劇団に入ったとしても自分の役が自分で選べるわけではないこともわかっていました。芝居に進もうという気持ちが萎《な》えていた。

そんなんで「執行猶予」と思って上智大学に進学しました。

でも、純粋にお芝居そのものが好きであることは変わりなくて、大学時代に「もう一度だけ！」と思って、一人芝居を企画して演じたことがあります。小沢昭一さんがライフワークにされていた、井上ひさし先生原作の「唐来参和《とうらいさんな》」という芝居。でも、それでおしまい。未練に思うこともなく、卒業後も就職する道を選びました。

一生続けられる習い事を

といっても——その時点では、やりたいことなんか、一つもないです。とりあえず、新聞社や放送局などマスコミを受けまくり、志がありそうなフリして面接受けましたけれど、全部落ちました。やっぱり、わかるんだな、付け焼き刃で来てることが。

数々受けた中で、たった一つ。短歌雑誌を出している小さな出版社に引っかかって、正社員として入社しました。お給料、安かった。その会社は編集長と喧嘩して一年半で辞め、新潮社で辞書編纂《へんさん》のアルバイトを経て、一九九〇年の暮れに筑摩書房に入社しました。筑摩では雑誌・文庫・新書から単行本、文学全集など一通り経験させてもらいました。途中で営業も経験しました。

筑摩に入って最初に携《たずさ》わったのが「ちくま日本文学全集」という企画でした。編集委員は、哲学者の鶴見俊輔《つるみしゅんすけ》、作家の井上《いのうえ》ひさし、数学者の森毅《もりつよし》、画家の安野光雅《あんのみつまさ》、ドイツ文学者の池内紀《いけうちおさむ》という錚々《そうそう》たる方々。すごい人ほど、私たちに対してもフラットです。「あなたはどう思う？」と、会議で意見を求められる。緊張して、こ、言葉が出てこない。情けなかった……。

憧れていた著者の方々とお会いできる。本がつくれる。そのたび、でも、オノレの未熟さを思い知らされる……著者の方々が言葉を扱うときの、その多彩さ、深さ、ふくらみ……人生の実感に裏付けられた重み。

筑摩書房「ちくま日本文学全集」の編集会議。後列右より編集委員の森毅さん、安野光雅さん、中列に池内紀さん、前列右より鶴見俊輔さん、英文学者の横山貞子さん、画家の秋野不矩さん（京都徳正寺で）

自分には何もないことがよくわかって、勉強しなくちゃいけないと痛感しました。そういう場合、普通編集者なら「本を読む」という方向に行くはずです。でも私は、なぜか、感覚を養いたい、と思いました。身体的な教養を身につけたい。にわかには言葉にならないものを自分の中に溜《た》め込もうとしたのです。

一生続けられる習い事をしたい。

大学を出たあとも、お芝居は見続けていました。第三舞台。蜷川幸雄《にながわゆきお》さんのお芝居、つかこうへいさんのお芝居。歌舞伎も、大衆演劇も見ていた。落語にはすっかりはまって、国立演芸場での「立川談志《たてかわだんし》ひとり会」に通い、家元と古今亭志《こここんていし》ん朝《ちょう》師匠を追いかけていた。

習うなら、「和」の習い事がいいな。茶道にしようか、日本舞踊にしようか、候補はたくさんありました。そんなある日、朝日新聞で日本浪曲協会が三味線教室を開くというベタ記事を見つけて飛びついたんです。日本浪曲協会は浅草。勤務先は蔵前だったので、通うにはもってこいです。

しかもナント、記事にこう書いてあった。

「三味線を無償で貸与」！

和の習い事は敷居が高く、いきなり三味線を買うのはリスクが高いと二の足を踏んでいたところ、な〜んて親切♡　と行ってみることにしました。一九九四年の初秋でした。

あまりに、わからない

雷門にある日本浪曲協会。二十畳くらいの畳敷きの広間の、正面には、中華民国の国父で、革命家であった孫文《そんぶん》が、浪曲中興《ちゅうこう》の祖《そ》・桃中軒雲右衛門に贈った額がどーんと飾ってあります。もちろん、当時はそんな価値ある額だとは知らなかった。

その下にずらり協会幹部が並び、ど真ん中には当時会長だった、三代目玉川勝太郎、その右側には、のちに私の師匠となる玉川福太郎もいかつい顔をして座っていました。いや、その怖いこと。

取材のカメラも入っていた。協会が総力挙げて開催する教室らしいな、という息ごみの強さは伝わってきました。

受講希望者が三、四十人ほど。いきなり自己紹介タイム。「津軽三味線やってます」「小唄の三味線やってました」の経験者がぞろぞろ……あ〜、これ、私、間違えた。

「三味線を触ったこともない人間が来るようなところではなかった」

ま、いいや。こんなとこ、覗《のぞ》ける機会もそうないもんね、と思っていると、幹部の方々のぎらぎら感とは全然違う、細くて小さくて上品な雰囲気の三味線のお師匠さんがお出ましになり、まず一つ、お手本を弾《ひ》いてくださいました。

その方が、戦後の浪曲四天王の一人、初代東家浦太郎の相三味線を務めた玉川美代子師匠という、もんのすごいお師匠さんであることを知ったのはあとのこと。

シャン、とひと撥《バチ》。その音色に、びっくりした。

いままで聞いたことのない、世にも美しい音色！　撥の先からダイヤモンドの小ちゃなまあるい粒がポロポロこぼれ出しては、消えてゆく。なんて切なく、美しい。

う〜む。私がいるべき場所じゃないけど、辞めるのはいつでもできるから、この音色が聴けるうちは続けよう。と、通うことにしました。

まずは三味線の扱い方を覚えます。

初回の教室には、国本武春《くにもとたけはる》師匠もいらしていた。

浪曲に入る前から武春師匠のことは知っていました。一時期、大衆演劇にドはまりして、通い詰めていた頃、とある役者さんが踊っていた曲がものすごく気になって、「さっき踊ってたの、誰の曲？」と、直接聞いてみた。

「福助」というアルバムを教えてもらい、買ってヘビロテで聞いていたのです。

でもその人が「浪曲師」という認識、ほぼなかったと思います。浪曲なんて、まったく知らなかった。

でも。

国本武春

目の前にあの、超パンチの効いた歌を歌ったご本人が現れて、コーフンしました。この人が国本武春さんか。ふっくらと丸い体形で、クマさんみたいだけれど、目は涼やかで二枚目の目です。その方から、のちに多大な影響を受けることなど、露《つゆ》予想もせず。

けっして三味線をまたいではいけないこと、三味線のつなぎ方、撥の持ち方、構えを教えていただきました。撥を糸に当てる当て方も。それ、ひととおり覚えるだけでも一苦労。

そして、いよいよ三味線を手に音を出すお稽古が始まると……愕然《がくぜん》とした。

第一章でも書きましたが、普段聴いている音楽とまったく違うのです。

三拍子、四拍子と割り切ることができない。

構造が理解できない。

音を、ドレミファソラシドの音階で捉えることもできない。

そもそも譜面がない。解説的なことが一切ない。音があるだけ。

ここまでわからないものがあるのかと、呆然《ぼうぜん》としました。

聴き取れないでいると、お師匠さんがまた弾きなおしてくれるのですが、さっきと違う。

というより、同じだった例《ためし》がありません。

しかも、三味線を弾きながら突然、「ハッ、イヨーッ」と面妖《めんよう》な掛け声を出す。

見よう見まねでやってみろと言われても、なかなかできるものではありません。

それでも、まず一つのフレーズを一週間かけて丸覚えしてくる。

やってみる。

違うと言われる。

お師匠さん弾く。

さっきと違うっ！

しかたないから、その第二のフレーズ覚えてくる。

やってみる。

違うと言われる……その無限ループ。


そうこうするうちに、三味線経験のある方たちが次々に辞《や》めていきました。これまで習っていた三味線と違いすぎる、という理由でした。三味線には太棹《ふとざお》、中棹、細棹と、さまざま種類があり、津軽や民謡、長唄、地唄などによって、棹も撥も駒も糸も、全然違うことさえ知らなかった私には、ほかの皆さんが「違う！」というのが、何が違うのかさえわかりませんでした。浪曲三味線は、数ある三味線の中でも一番特殊、だったらしいのです。

いや〜参った……でもね。

なんか、可笑《おか》しかった。

浪曲の師匠方。三味線の師匠方。教えるほうと、教わるほうの、会話が成立してない。

これが妙に面白い。三味線のお師匠さんが、教えてくれようとして話す言葉の意味がよく

吉野静

わからない。質問されると、質問の意味がわからないみたいで、お師匠さんはキョトンとしている。そのチグハグさがまた面白い。

　浪曲には、ステージプロはいるけれど、レッスンプロがいなかったのです。そもそもメソッドもなんにもなくて、さらに教えるノウハウに関しては、皆無。

　そのうえ、玉川美代子師匠は、あまりに名人すぎて、私たちに教えてくれないで、「こうよ、こうよ」と弾いてみせてくれるばかり。私たちに弾くいとまを与えてくれません。個人的には、超絶ステキな音色をずっと聴けてサイコーだったんですが、どうやら講師としてはちょっと困ると思われたか、いや、ホントの理由はわからないけど、すぐに教室には来られなくなり、代わりに、三代目勝太郎先生の相三味線であった吉野静《よしのしずか》師匠が講師として来られるようになりました。

「静師匠のほうが、教え方は、うまかったな」

　とあとで福太郎師匠はおっしゃったが、確かに美代子師匠よりシンプルでわかりやすい手を教えてくれたけれど、静師匠、口が悪かった。

「バカヤロー、なにやってんだ！」

浪曲は、浪曲師と曲師の二人で一つの芸なので、うなるほうも講師としていなければなりません。のちに師匠となる玉川福太郎、東家浦太郎、澤孝子《さわたかこ》といった凄《すご》い師匠方が、講師で来てくださいました。

浪曲で一番大事なことは、浪曲師と曲師との呼吸です。曲師が一番心がけなければならないことは器用に手がまわることではなく、浪曲師が渡す合図やリズムをしっかり受け取って弾くこと。キッカケ節なのか、アイノコ節なのか、関東節なのかセメなのか。高い声を張るのか、低く出るのか……譜面がない中で、浪曲師は「こうだよ」と渡す。曲師は「アイヨ」と受ける。そして一緒の波に乗って物語を運んでいく、それを体でわかることが大事。でも一番難しい。それを教えるために、稽古の間の二時間、講師の師匠方はうなりっぱなしです。商売で使う声を……それがどんなに大変で貴重なことであったか、いまは、よーくわかります。そのときは全然意識もしませんでした。

「関東節と関西節に分かれてお稽古しましょう」

浪曲は大きく言えば、関東節と関西節に節調が分かれます。

関東のほうが、三味線の調弦が高い（カンカンカン！という音）。関西は低い（ベンベン……という音。ベタ調子、水調子、とも言います）。

そしておおざっぱに言えば、節《ふし》（うたうような部分）の割合が関西のほうが多く、啖呵《たんか》（語りの部分）が多いのが関東節。

……分かれてお稽古するから選べって言われても、違いが全然わからない。それでもとにかく分かれることになって、主に関東節の先生は吉野静師匠。うなってくれる先生は、玉川福太郎師匠。関西節の先生は、伊丹秀敏師匠。うなってくれる先生は、澤孝子師匠、東家浦太郎師匠。秀敏師匠も、どっちかっていうと美代子師匠タイプの名人だから、関西節に行った生徒さんたち、どうなったことやら。

私はそのとき、どう思って関東節を選んだのか。たぶん、鬼瓦《おにがわら》権造みたいな強面《こわもて》だけれど、笑うととっても愛嬌《あいきょう》があり、親身にうなり続けてくれている福太郎師匠に、ついていったんだと思います。が、のちのちこれが大きな選択だったことに気づきます。

この三味線教室からのちにプロになった同期が、現在、一般社団法人日本浪曲協会副会長で、澤孝子師匠の相三味線でもある佐藤貴美江《さとうきみえ》師匠。東家浦太郎師匠はじめ多くの方を弾いておられる伊丹明《いたみあきら》師匠、そして浪曲に転向された花渡家《かどや》ちとせ師匠です。

入門は、できません。

教室に通い始めて数か月後、父が病気で亡くなりました。

一九九五年。バブル崩壊後で、建設会社を経営していた父の会社に大きな負債が残っていました。そんな状態で、ワンマン経営者を失った会社。銀行は貸しはがしにかかります。たくさん職方さんたちを抱えていました。

連鎖倒産を絶対避けたい。家族でなんとかしなければならない。父が信頼していた方々と相談して、会社の整理をしました。銀行が怖かった。債権者の方々が怖かった。家族が心配だった。それが、父の看病、葬儀で疲れ切っている上にのしかかってくる……相当疲れたんだろうなあと思います。

ある日、無性に三味線が弾きたくなりました。

「こんなときに、あなたは、三味線を弾くのか」

母は、信じられない、と言った顔で私を見ました。父が病《や》んでいる最中に、三味線教室などというものに通い始めた娘。まだ会社の整理も終わっていないのに、三味線を弾きたいという娘。

しばらく休んでいた教室に、久しぶりに行きました。すると、近々発表会があるという。ほとんど通えていなかったので、参加できないと思いました。

ところが、講師の福太郎師匠は、「大丈夫だから出なさい」とすすめてくれたのです。

1995年5月、三味線教室の発表会

発表会の会場は、いまはなき池袋の文芸坐ル・ピリエ。着慣れぬ浴衣を着て、発表会に参加した生徒は十人ほどだったでしょうか。

当日、想定外のことが起こりました。福太郎師匠が、発表会の舞台の上で突然「キミは、プロになる気持ちはありますか」と聞いてきたのです。

「いいえ」

……とは言えなかった。

習い事で始めたのだから、プロになる気なんて、もちろんあるわけがない。ただ、お客さんの前で「いいえ」って言うのもナニかなあと、その場しのぎで「ハイ」と首を縦に振ってしまったのです。

発表会が終わった次のお稽古。福太郎師匠から「うちに遊びにおいで」と声をかけられました。

「教室だけじゃうまくならない。うちに来ればカミさんが三味線を弾くし、俺がうなるから、ちゃんと浪曲の稽古ができる。みんなで合奏しているような、あんなのは浪曲の稽古じゃない」

それを聞いてなるほどと思い、軽い気持ちで出かけていきました。福太郎師匠の相三味線は、奥様のみね子師匠。みね子師匠に教えていただける、というのも魅力でした。

果物を抱えていそいそと。師匠のおうちは西新井《にしあらい》。小さな一軒家に、ご夫妻と二人の小さな息子さんと、猫と一緒にお住まいでした。

ご挨拶し、水菓子を差し出すと。

「弟子になるのに、こんなもの、持ってくるな」

「……は？」

ちょ、ちょ、ちょっと待って。

で、で、弟子になるうううううっ？

日本浪曲協会主催の三味線教室。実は、とあるミッションが隠されていたのです。

斜陽の浪曲。浪曲師の志願者も大変少ない。ましてや、浪曲の相方として絶対必要でありながら、陰の存在である曲師の志願者はまったくなく、このままでは曲師不足で浪曲が絶滅してしまう。だから教室を開いて、入ってくる若くてなんとか弾けそうな子を引っ張り込んでしまえ、というものでした。

昔、浪曲が盛んだった頃は、たとえば、妻や娘を曲師にしてしまう（玉川美代子師匠、東家栄子師匠、加藤歌恵《かとううたえ》師匠、玉川みね子師匠などの場合)、浪曲師だったけれど、師匠や周囲からの勧めで曲師に転向する(玉川祐子師匠、伊丹秀敏師匠、大和稲子《やまといねこ》師匠、島津一朗師匠などの場合)、他の芸からの転向組(瀧《たき》とよ師匠、山本太一《やまもとたいち》師匠などの場合)、小さい頃、なんらかの理由で浪曲に引っ張り込まれて曲師になってしまう(沢村豊子師匠などの場合)などのパターンでした。それが、現代ではなかなか難しくなった。

福太郎師匠は、他の生徒にも遊びにおいでと声をかけていたはずです。その中で私だけ、うっかりうかうか遊びに行ってしまった。その場しのぎの「ハイ」が、言質《げんち》となってしまったのです。

師匠は本気でした。いきなり名前をもらう話になりました。

「『お多福』という名はどうだ。『大福』もあいてるぞ」

なんですかそれ、お多福って。そもそも、そんな話になるなんて了解してない。

じっとうつむいて黙っていたと思います。すると、おかみさんのみね子師匠が、「私も本名でやっているんだから、この子も本名でいいの」と救いの手を差し伸べてくれました。

いや違う、それ救いの手じゃない、名前を頂くもなにも、弟子入りする気、ない。

「師匠、私は出版社で正社員として働いています。弟子入りなんて、できません」

とおずおず申し上げました。ところが、福太郎師匠、全然引きません。

「うむ、浪曲師だと難しいが、三味線は陰の存在だから大丈夫だろう。ウチはカミさんが三味線を弾いているから基本的には困らない。土日の仕事はお前が弾け。土日は会社は休みだろう」

オーマイガー。……ま、いっか。興味なくは、ない。興味があるからこそ、師匠のおうちにうかがったのです。いつでも、辞められるから、居てみるか。

1995年、入門直後の福太郎一門。左より美穂子、福助、こう福、福太郎、お福、みね子

三味線教室に参加して、生まれて初めて三味線を持ったのが一九九四年十月。

発表会が翌年五月。

そして、師匠のうちに初めて遊びに行った一九九五年七月、三十歳で玉川福太郎に曲師候補として弟子入りし、玉川《たまがわ》美《み》穂子《ほこ》と芸名が決まりました。

「来月、独演会が木馬亭であるから、一席ぜんぶは無理でも、半分でいいから、弾いてみろ」

うっそー！　翌八月には初舞台が用意された。

浪曲の殿堂、浅草木馬亭での「玉川福太郎の会」。師匠の「青龍刀権次《せいりゅうとうごんじ》」発端の一席の前半を弾くことに。

その日。舞台以外のことを、一切覚えてない。ただ、三味線持ちながら恐怖で震え、棹を持つ手が汗でべとべとだったことを覚えています。師匠を見ると、師匠の足もかすかに震えている。

……びっくりしました。

浪曲師は、うまい三味線でうなりたい。当たり前です。浪曲師と三味線は二人で一つ。三味線次第で芸が変わってしまう。なのに。

震える思いをしてまで、新しい曲師を育てなければと、うちの師匠は思っていた。

終演後、師匠から茶色い封筒を渡されました。中を見たら、三千円入っていた。

「金をもらったからにはプロだ」

……号泣《ごうきゅう》。

こうしてはからずも、会社員との二足の草鞋《わらじ》をはくことになったのです。

ダメな弟子

師匠には、すでに三人の弟子がいました。総領弟子の福助《ふくすけ》姉。二番弟子が、お福《ふく》姉。三番目が、民謡の先生をしているこう福《ふく》姉。四番目が曲師の美穂子。のちに妹弟子のぶん福《ぷく》、弟弟子の太福が加わって総勢六人となります。

着物のたたみ方は福助姉さんに教わった。姉さんの着物のたたみ方は美しくて、見てて惚れ惚れした。お客さんからちょっとでも何かしていただいたら、すべて師匠に報告しなさいと教えてくれたのはお福姉さんだった。お酒の飲み方を教えてくれたのはこう福姉……いや、さほど教わってないか。

師匠の高座で曲師をつとめる

衰退期だと言われていた浪曲の師匠にこんなに弟子がいるのは、ひとえにうちの師匠が、浪曲を絶やしてはいけないという使命感を持って、積極的に弟子をとったからです。鬼瓦のような強面ですが、愛嬌があり、あたたかい師匠でした。稽古は厳しいですが、惜しげもなく声を出してくださいます。

曲師というのは、実は特権的な立場です。浪曲師の声節を、特等席で聞くことができる。師匠の声を間近で浴びます。うちの師匠は声量豊かで、節回しも美しく、なんとも情のある浪曲です。笑いもあって、ほろっとして、面白い。浪曲って、こんな芸なんだ……驚きました。

稽古のあとは、みね子師匠の手料理で「おい、飲め」と宴会が始まります。気持ちのまっすぐな、優しい師匠でした。

玉川の本家。師匠の師匠である三代目玉川勝太郎先生にも、お稽古をつけていただきました。三代目勝太郎がうなってくれてのお稽古……いま思い返すと超贅沢《ぜいたく》！

先生のそばに座って三味線を弾くと、良いときには「そうだ！」と言ってベーン！　悪いと「違う！」と言われてベーン！……いずれにしても太ももを叩かれます。厳しくて繊細。小柄な先生でしたが、舞台に立つととても大きく見えました。所作《しょさ》の美しさは断トツでした。舞台に漂う緊張感は半端じゃなかった。

「天保水滸伝　平手の駆けつけ」で、平手造酒が斬られて死ぬ場面の壮絶さ。凄《すさ》まじい死にざまを見せておきながら、一席終えた直後に「こんなに良いお客さんじゃ、都々逸《どどいつ》やっちゃおうかな」なんて、余興でうなってお客さんを沸かせる……なんて粋《いき》な。日本橋生まれの日本橋育ち。江戸前という言葉がとても似合う先生でした。

その先生が稽古のあとに、突然、目を光らせてこうおっしゃった。

「お前は大学を出ていながら浪曲に入って、恥《は》ずかしいと思ったことはないか」

ぎょっとしました。

そう聞く、ということとは、先生ご自身が、浪曲で恥ずかしい思いをされた経験がある、ということ。

私自身は、何も知らなかったがゆえになんの先入観も持たずに入門しましたが、浪曲は大学を出たような者がやるような芸能じゃない、とうちの師匠も私に言うともなくつぶやいていたのを聞きました。

浪曲は、昭和三十年代前半までは、日本で一番人気のある芸。人気の頂点を極《きわ》めた芸でしたが、もともとは、大道芸から始まり、社会の下層にいる人たちが担ってきた芸です。明治時代は、落語や講談からは一段低く見られ、同じ舞台には上げてもらえなかったと聞いています。

だからこそ、三代目の先生はいつも身なりをきれいに整え、舞台での所作はもちろん、日常の立ち居振る舞いについてもとても気をつかっておられました。

玉川みね子

浪曲に対する差別や偏見と、先生は闘ってこられたのでしょう。

福太郎師匠のおかみさん、曲師のみね子師匠が、私の三味線の師匠です。

教え方はとてもやさしかった。

「アタシもまだできないんだけどね、こういうふうに師匠から習ったんだよ」

というような言い方をされます。

浪曲三味線は太棹です。太棹三味線は、弦楽器であると同時に打楽器です。

三つの音が合わさって聞こえます。

まずは、撥で糸を弾《はじ》いて糸が振動する音色。

同時に出る、撥と糸との摩擦音。絹糸を撚《よ》り合わせた糸と鼈甲《べっこう》の撥先が擦れるとき、しゅ、しゅ、という音がします。

そして、撥が胴皮を打つときに出る、太鼓を打つような音。これが皮の張り方によって音が違います。カンカンに張った皮か、ゆるく張った皮か。

関東節はカン張りにします。関西はゆるめに張って音をぼんづかせる人も多い。

糸の太さ、糸の質、皮の張り方、駒の材質、位置、撥によって音は変わります。撥先の硬さ、その当て方によって、糸との摩擦音も、皮を打つ音も、人によって個性がある。名手はその音の粒がそろっていて、耳に本当に心地よいのです。

三味線には、「さわりがつく」という言葉があります。

糸の振動がび〜んと長引いて、それがほかの弦とも共鳴し、なんともいえない心地よい残響が生まれます。これが三味線の音の魅力の一つです。

いまは、ほとんどの太棹三味線には、棹の最上部の一の糸のところに「あずまざわり」という、小さなねじがついていて、そのねじを上げ下げして僅《わず》かに糸と触れ合わせることによって、「さわり」をつけます。

私が入門した頃は、まだ「あずまざわり」は一般的ではなくて、一の糸と棹の間に和紙を挟んでその和紙を調整してさわりをつける、「紙ざわり」でした。これが超難しいのですが、みね子師匠はそのさわりをつける名手で、ものすごくきれいな残響がありました。私はそれに憧れました。

みね子師匠の三味線は、ご出身の山形の土の香りみたいな、太くて、余韻が深い音。び〜んと、ちょっと電気がかかったような、美しいさわりのついた音を、聴き込みました。

節の部分を弾くだけではありません。曲師は一席中、浪曲師の横顔を見つめ、呼吸をはかりながら、節のときも、そして啖呵のときにも、それを受ける手を随時入れていく。場面に応じたBGM的なものを弾くこともあれば、ガラガラッと扉を開ける場面では、三味線はガラガラッという音を出す。えっ！　と驚く場面では、三味線も「えっ！」と言う。

浪曲師が、どこでどういう間でどういう啖呵を言うか、曲師は覚えているわけではあり

山本太一

ません。耳に入った音に即座に反応して、音を出す。

実に、特殊技能です。

私が入門した直後のことです。みね子師匠が簞笥《たんす》の奥から一丁の三味線を出されました。

「これは一回棹が折れて、直したものだからダメかもしれないけど、ちょっと弾いてごらん」

それはみね子師匠の師匠、山本太一師匠の遺品でした。中子《なかご》と呼ばれる部分を外したら、大正九年という文字と、義太夫《ぎだゆう》の演者のお名前が書かれていました。大正時代の文楽《ぶんらく》三味線だったのです。

太一師匠の三味線に紙ざわりをつけて、一の糸に撥を当ててみました。

……ビイーンと鳴りました。私がいままで自分の三味線では出せたことのない、いい余韻。みね子師匠と顔を見合わせて、「いいわね」「いいですね」。

以来、その三味線をお預かりして、弾かせていただきました。大好きな三味線だった。長い年月で胴が枯れてしまい、皮の強さに耐えられなくなり、あるとき割れてしまいました。いま私の家の簞笥で眠っています。

そんなことがありつつも、そもそも弟子になる気もなくひょいと入門してしまった私は、まだ腰が引けた状態でした。

うちの師匠の浪曲は最高に面白い。みね子師匠の三味線にも憧れる。国本武春師匠のライブは最高なので、頼まれもしないのに手伝いに行く。でも。

浪曲。および当時の浪曲界。私の目には、なんというか……ものすごく前時代感を覚える部分もありました。

そもそも、変じゃないですか、あの舞台。

なんですかあの、演台にかぶせてある大げさな派手な布は。

描いてあるのも、富士山とか、牡丹《ぼたん》とか。アイコンとして、典型すぎませんか。

しかもその舞台セット、左右非対称。

いま、世の中で流行《はや》っているのは、癒《いや》しの音楽。ゆったりした、やさしいソフトな声が流行っているのに、あんなに青筋立てて、全身から絞り出すような塩辛声《しおからごえ》。あれが美声って言われてもピンとこない。うちの師匠の声はいい声だけど。

演題は時代遅れのものが多いし。

湯飲み台の上に湯飲み置いてあって、ときどき飲んでるし。

三味線を待ってる間、虚空《こくう》を見つめる、あの間《ま》はなによ。

おじいさんばっかりかわりばんこに出てくるし。

三味線のお師匠さん、面妖な声出すし。あれ、昼間聞いちゃいけない声でしょ。

客席は閑散としていて、ロビーに置いてあるのは白黒のチラシ一、二種……。


そもそも、フルタイムの会社員。残業もあるし、土日も持ち帰り仕事がある。なのに、三味線の稽古もあれば舞台もあれば、師匠のかばん持ちもある。浪曲がどんどん侵食してくる！

休みが、一切取れなくなりました。こりゃカラダが持たないと気づきました。

どうしよう。……自分の身を守るためにはヘラヘラするしかない。

「真面目にやらない」という対策を取ることにしたのです。

ひどい弟子です。いま思い返すと。

稽古に、行かない。木馬亭にも、そんなに行かない。私の弟子がいまそんなことしたら、私は雷落《かみなり》とす！　ほんとにひどかった。

そんなある日。みね子師匠から長い手紙が送られてきました。

「少しは真面目なところを見せてください。ウチの人と私を驚かせるほど稽古をせがんで、一生懸命にやってくれたら嬉《うれ》しいです」

うーん、師匠ご夫妻のお気持ちには応えたい。けれど、どうやって稽古の時間をつくったらいいのだ、どうやって上達しろというんだ……。

通いの弟子でしたが、土日は師匠の曲師としてのお仕事、もしくはお稽古、それ以外にも、師匠のかばん持ち、年末には師匠の家の大掃除、木馬亭や協会のお掃除。

入門して最初の数年、師匠ご夫妻のお子さんたちが小学生だった頃には、お二人が仕事で旅に出られる間の留守番を仰《おお》せつかりました。朝、子どもたちにご飯を食べさせてから会社に行き、戻ってから洗濯をして、夕飯つくって、風呂を沸かして片付けて、子どもたちを寝かせる。みね子師匠はお子さんたちが寝るときに、絵本の読み聞かせをしていて

「あなたもやってあげてね」。

やってみましたけど、子どもが寝る前に私が寝落ちする。懐かしいな。

この世界にいると、師匠と弟子は擬似《ぎじ》親子のようになります。その関係性がとても新鮮だけれど、不思議で、慣れなくて、どうもお尻が据わらない感じでした。

いっぱい叱られたけれど、破門にはならなかった。

不肖《ふしょう》の弟子でしたが、懐《ふところ》の深いうちの師匠だったから、編集者をしながら曲師を続けることができたのだと思います。

ダメな曲師の矯正法が……

「浪曲を一席覚えてうなってみろ」

突然、師匠から切り出されました。

「三味線が下手すぎる。いつまで経《た》っても素人のような手を弾いている。三味線は演者を盛り立て、声を出させる、背中を押す役割なんだ。お前は語り手の声を生かすのではなく、ぶつかって殺す三味線だ。自分で体験してみれば、どういうふうに三味線を弾いてもらうのが浪曲師にとってありがたいかわかるだろう」

入門して五年ほど経った二〇〇〇年のことです。

「昔はな、巡業があって、弟子たちは朝から晩まで浪曲を聞いた。曲師も、トリ（寄席で最後の出番のこと）の先生の相三味線《あいじゃみせん》（いつも組んでいる三味線奏者）以外は、たて弾きといって、前座からモタレ（トリの前の出番のこと）までぜんぶ弾いた。自然に浪曲が体に叩き込まれた。でも、いまはそういう修行ができないからな、うなって弾いてもらって、どういう三味線がありがたいのか経験してみろ」

私があんまり下手なのに業《ごう》を煮やしたのでしょう。浪曲の三味線で大事なのは、浪曲師の息をぬすんで間をつかんで、背中を押して、いかに声を出させるか。なのに私は、師匠の声にぶつかるような三味線ばかり弾いていたのです。

しかし、とんでもない提案です。一席覚える？　うなる側にまわれってこと？

「や〜師匠……無理です！」

当たり前です。三味線弾くのもやっとこさっとこ、なりゆきでこうなったけど、とまどいながら浪曲の世界にいるわけです。それに、曲師として修行するほどに、浪曲の難しさが少しずつわかってきていました。三味線も難しいけど、うなるなんて、あんなことできるわけない。

小さい頃からやっていた人だけができるもの。難しすぎるもの。絶対手を出しちゃいけないもの。

だいたい、どこであんな大声出して稽古ができるっていうのよ。

……ためしに、駅から自宅までの行き帰りの原付《げんつき》バイクの上でうなってみた。

ま、耳には慣れてるからね。大声出すってのは、まあ、気持ちいいわね。

でもね〜、節ってあれ、どうやったらあんなくるくるまわるんですかね。

それと、うちの師匠の声。なんであんなに安定的な大音声があり得るのか。

無理無理無理。ぜったい手を出しちゃいけない。これだけはね、やっちゃだめよ。

地下鉄で、電車が入ってくる瞬間って、どんな大声でもかき消されるわね。うなれるわね、その瞬間。あはは、気持ちいい。

だから、無理だってば。

いつ、心に魔が差したのか。どこで間違えたんだろう。習うより慣れろなのか、いつのまにか、浪曲が好きになっていたのかもしれません。

じゃあ一席だけ、一席だけ、覚えてみようかなという気になったんです。

本職の浪曲師になるわけじゃない。あくまでも曲師修行の一環として一席だけやるのだから、好きな演題を覚えていいと師匠から言われました。

姉さんたちは、「阿漕《あこぎ》が浦《うら》」という大岡政談の一席を最初に覚えていましたが、私は師匠の浪曲の中で一番好きだった、「陸奥《むつ》間違《まちが》い」という大ネタを選びました。師匠はあきれていたと思います。前座がやるようなネタじゃないです。トリネタです。

覚えましたと、師匠のお宅に稽古にうかがい、初めてうなってみた日のこと。

師匠はしばし無言になり……。

「やっぱり浪曲っていうのは難しいんだな」とポツリ。

こちらも、下手さ加減にガックリ。

それ以前にも、師匠の前でカラオケを歌ったことはありました。師匠の独演会のあとにお客さんたちとカラオケに行くと、お前も歌えと必ず勧められたのです。師匠は私がそこそこ歌えると思い、浪曲も可能性があるのではと思われたらしいのですが……。自分で振り返っても、本当にひどい。音程がおかしい、声の出し方がへんだ。「違う、違う、違う」と師匠からずいぶん言われました。

なのに、うちの師匠、よそうとはしなかったのです。

それどころか、目の前にエサをぶら下げて、やる気を出させようとしました。弟子入りしたときと一緒です。

「浪曲師になるわけではないが、せっかく一席覚えたんだからお客さんの前でやったらどうか」

二〇〇一年の十一月の終わり。浪曲初舞台の場所は、師匠が定期的に会を開いていた、横浜の三吉《みよし》演芸場、演題「陸奥間違い」。

一席の前半を、みね子師匠に弾いていただいて私がうなる。

後半を師匠がうなって私が三味線を弾きました。

げっそり、疲れました。もうこんなことは……ところが。

それで終わらなかった。

翌年の三月。せっかく覚えたんだからと、師匠が出演する小岩の健康施設「湯宴ランド」の会に前座で出ることになりました。そのとき、二席目に覚えた「寛永三馬術《かんえいさんばじゅつ》　愛宕《あたご》山梅花の誉《やまばいかのほまれ》」をネタおろし。え？　順調にネタ覚えたりしてたんじゃない、私。師匠どういうつもりだったんだろう。そして、やはり「せっかく覚えたんだから木馬亭にも出てみろ」と師匠が理事会に話を通され、二〇〇二年五月の浪曲定席木馬亭に初出演しました。

調子に乗った私は、新作浪曲をつくって、初独演会も開催しました。

一九七三年に、ＴＢＳの東芝日曜劇場で放映されたドラマ「放蕩《ほうとう》一代息子」（原作・脚本山田洋次《やまだようじ》　主演渥美清《あつみきよし》）。落語の「よかちょろ」や「湯屋番《ゆやばん》」といったネタを山田監督が練《ね》り合わせて人情ドラマにしたものでした。それがとても好きで、浪曲にしたいと思っていたので、山田監督に台本を見ていただきお許しを得て、会場も自分で決めました。浅草伝法院《でんぽういん》通りの「小野屋」。行きつけの小料理屋の小あがりに、座卓を二つ並べ、上に小さなちゃぶ台をのせて、座り高座です。

師匠にも出演していただき、私はみね子師匠の糸で新作をネタおろししました。

とはいえ。

最初の一年は、浪曲は「なんちゃって」。あくまで曲師、でした。

ところが、その年の十二月、東家浦太郎師匠門下の太田《おおた》ももこ（現・瑞姫《たまき》）姉さんから、一緒に勉強会をしないかと声をかけられました。木馬亭の定席開演前の朝の時間を使って一席ずつ。毎月開催しよう、と。師匠に相談すると、「売られた喧嘩《けんか》は買ってやれ」。どんどん節の方向に引っ張られていく曲師を、うちの師匠はどう思っていたのだろう。私も迷いましたけれど、基本、面白そうな話には、なびく。

翌二〇〇三年二月に第一回。これが、いまも続けている朝の勉強会の始まりです。

豊子師匠との出会い

なんと。曲師のはずが、先輩と浪曲の毎月の勉強会まで始める次第に相なった。

ところが。

この勉強会を弾いてもらう予定の曲師が、どういう理由か、自分は受けられなくなったので、かわりに沢村豊子師匠を頼んだ、と言ってきたのです。

なにかの都合で出演できなくなった、というのは、理解する。でも、曲師が勝手に代理の曲師を頼むなんてことは、まずない。あれはどういうことだったんだろう。いまだに謎。

……それにしても。

沢村豊子師匠に、頼んだ、ですって？　どぅあああああっ！

これが私と豊子師匠の出会いです。

十一歳のときから浪曲三味線一筋の超ベテラン。三波春夫先生や二葉百合子先生を弾かれたこともある、第一人者。当時の私にとっては雲の上の人でした。一度もお話しもしたことはなく、しかも、その一月にご主人を亡くされたばかり。

タイミング、最悪。

お電話、しました。初めてかける電話、喪中の家に。すごく掛けにくい。案の定、電話に出られた豊子師匠の反応、「アンタ、誰？」状態。

「ああ、稽古ね。うちの弟子のさくらが来るときに一緒にいらっしゃい」

初稽古当日、豊子師匠の弟子さくらさんに連れられ、茨城県古河《こが》市の、豊子師匠のご自宅へ……伺うつもりでいたら、なぜか連れていかれたのは、ご近所にお住まいの国友忠先生のおうちでした。

国友忠先生……って、どなた？　当時の私、存じ上げませんでした。

大正時代に浪曲四天王の一人に数えられた初代木村重友《きむらしげとも》の末弟子で、戦後放送浪曲で大活躍された浪曲の生き証人であることをあとから知りました。「あらゆる演芸の中で浪曲ほど面白いものはない」と言われ、一九六四年に体調を崩し、古河に転居したのちも、後進の指導に当たっておられました。その国友先生の相三味線を長年務めたのが豊子師匠。

先生は日本浪曲協会から脱退していらしたから、存じ上げなかった。

豊子師匠のおうちに伺う、と思うのさえド緊張なのに、連れていかれたのは知らない、偉い先生のおうち。応接間が、稽古場になっていました。

横に、まさか弾いていただけるとは思わなかった、雲上人《うんじょうびと》の豊子師匠。

目の前に、眼光鋭い八十四歳の、すんごい怖そうな先生。

そこで声を出す……一席終わったあとに先生がおっしゃった言葉。

「ゼロからやり直せ」

帰宅したら熱が出ました。翌日、師匠のところへ飛んで行き、成り行きを伝えました。

師匠はしばし考え込んだのち、言いました。

「あのな、国友先生はすごく芸のある人なんだよ。俺も習った。ただ、あの先生はとても気難しい。通ってみて、お前が学ぶべきところがあると思うなら、行けばいい」

師匠の兄弟子・イエス玉川師匠からは「いくら大先輩でも他人の弟子に『ゼロから……』とは、福太郎に失礼だろう！」と言われて悩みました。伯父さんのご意見もよくわかる。

さあ、どうする。通うべきか、通わざるべきか。

でも、豊子師匠に弾いてもらえて、細やかに指導してもらえる稽古……通おう。

国友先生は、人嫌いで寂しがり屋で、稽古は容赦なかった。

台本は絶対に見てはいけませんでした。台本を出した途端に「覚える気がないんならいい」と氷のように冷たい声で言われて、稽古してもらえなかった先輩を見ました。声の出し方、所作、目の使い方、こと細かに教えてくださいました。稽古の翌日、手紙が届きます。稽古したその日のうちに、私に伝えたいことを書いて投函されるのです。私の手元に、先生からの手紙が三十通以上残っています。

厳しかったけれど、すごい稽古でした。有給休暇を使いまくって通いました。ギャラリーは私一人というときに、惜しげもなく芸を見せてくださったことがありました。先生の啖呵を聞いていて、肌が粟立《あわだ》ちました。週に二回、二〇〇五年五月に先生が亡くなる、その半年前まで、約二年。懸命に通いました。

うちの師匠の浪曲。そして国友先生の浪曲。それから、国本武春師匠の浪曲。私は「いまの時代に浪曲はあり得る」という意を強くしました。

一方の豊子師匠。初めてお稽古行った日に、こんなことをおっしゃいました。

「アンタがさ、二葉百合子くらいの看板になる覚悟があるなら弾いてあげるよ」

……皆さん、なぜ私に覚悟を問うようなことをおっしゃるんでしょう。

浪曲に入る気なんかなかった。

曲師になる気もなかった。

なのに、私はうなるハメになっていて、知らない先生のところで、雲上人の豊子師匠に、「二葉百合子になる覚悟があるのか？」なんて、なんでそんな恐ろしい問い詰められ方されてるのだろう？

「はーい、なります！」

と、なぜ私はそう答えてしまったのか。たぶん、プロになる気はありますかと、うちの師匠に聞かれたときと同様に、その場しのぎで答えたんだと思います。

お稽古に通ううち、お師匠さんがおっしゃいました。

「アンタね、アタシに仕事を頼んでいいんだよ」

えええええっ！

毎月の勉強会以外のお仕事も頼んで構わないとおっしゃるのです。

それまで私は、みね子師匠にもっぱら弾いていただいていました。これもぴゅーっと師匠のところに報告＋相談に行きました。

「えっ！　豊子師匠がお前を弾いてくれるって言ってるのか！」

さすがに師匠、驚いた。

「それは願ってもないことだ。よちよち歩きの浪曲師が、腕のある曲師に弾いてもらえるなんて、これ以上の幸運はない、おう、弾いてもらえ、弾いてもらえ！」

でも、お仕事があったとしたって、まだよちよちの浪曲師。豊子師匠にちゃんとお支払いできるほどにはギャラはいただけません。

「出世払いでいいんだよ」

なんと、ありがたい豊子師匠。

国友先生の稽古とは別に、豊子師匠のおうちで稽古していただくようになりました。

おかしい。弟子入りする覚悟もなく始まったこの生活が、いつの間にやら、沢村豊子師匠に弾いていただいて、ぼちぼちとお仕事まで来るような事態になっている……そして、それを自分で面白がっている……潮目が変わりつつありました。

プロデュース・デビュー

「アンタ、稽古に来ないとあたしはボケるよ」

豊子師匠からよく電話がかかってくるようになりました。

「桃が冷えてるからおいで〜！」

そんなふうに言われれば、そりゃ伺います。着くといきなり麦わら帽子をスポンッ！と

かぶせられて、

「アンタさ、玄関のところにあるビワの木に実がなっているんだよ。取っておくれよ。雀《すずめ》に食べられちゃもったいないから、取っておくれよ」

脚立《きゃたつ》立てて木登りしてビワをもいだあとは、一緒にそうめん食べて、ひとしきりお師匠さんのおしゃべりを聞いて、三時間過ぎた頃にようやくお稽古が始まる。夜にはけんちんうどんを出前で取ってくれて、またおしゃべり。いろんな芸談をうかがって、結局、終電。私、この頃、どうやって会社員の仕事してたんだろう。思い出せません。師匠の家、国友先生の家、豊子師匠の家。お稽古三昧《ざんまい》でした。


そのちょっと前。二〇〇二年の年末から翌年の初めにかけて、もう一つ大変な事件がありました。師匠が大病をしたのです。もう一日医者に行くのが遅れたら命にかかわったと言われました。大きな手術を二回しました。二度とも立ち会いました。麻酔からめざめた師匠が最初に言った言葉。

「腹へった。まんま食いてえ」

さすがは玉川福太郎。でも、体力を使う浪曲に復帰はできないかもしれない、と言われて私は目の前が真っ暗になっていました。

ところが、師匠はよみがえりました。

復帰した後の師匠の声は凄かった。浪曲が再びできる喜びにあふれているように感じられました。改めて惚れ惚れしました。舞台の袖にぴたり張りついて、いままで以上に師匠の浪曲に聴き入りました。

ある晩、後見の仕事が終わり、いつものように師匠の家でお酒をいただいていました。師匠と、みね子師匠と私の三人。私は師匠から小言を食らっていました。なんの小言だったか、忘れましたが、酔っていた私は、あろうことか師匠に向かって、口答えをしたのです。

「私も師匠にお願いしたいことがあります」思わぬ弟子の反撃に、師匠、ひるむ。

「……な、なんだ」

「師匠こそ、『天保水滸伝』を、全部ちゃんとやってください！」

「天保水滸伝」というのは、江戸後期の下総（現在の千葉県）に実在した、笹川繁蔵、飯岡助五郎という侠客の抗争を描いた長い物語で、玉川の「家の芸」とされているものです。三代目勝太郎先生は、二〇〇〇年に亡くなっておられましたが、ご存命中は先生をはばかって、師匠はそのうちの一席「鹿島《かしま》の棒祭《ぼうまつ》り」しか演じていませんでした。

先生が亡くなられて、三年。大病から復活した師匠に、壮大な「天保水滸伝」の物語に取り組んでほしい。師匠の水滸伝を聴きたい、とひそかに思っていたことを、酔っ払って正面から師匠に言ってしまった、わけです。オソロシイ……。

師匠は、驚いたと思います。一瞬黙ったのちこう言いました。

「売られた喧嘩は買ってやるから、言い出したお前が責任を取れ」

やったー！　師匠が「天保水滸伝」に取り組んでくださる！　小躍《こおど》りしたのはいいけれど。

ちょっと待って。「責任を取れ」……って、どうしたらいいんだろう。

あ、そうか。師匠を看板にした公演を打てばいいんだ！

そのためには興行主を探す！

いろいろ掛け合ってみたのですが、下火になっていた浪曲を大々的に扱ってくれるようなお席亭は見つかりません。そう申し上げたら、うちの師匠。

「見つからないならお前がやれ」

ええええええっ！

興行って、どうやって、やるの？

頭抱えました。

でも、待てよ。

入門このかた、個別の師匠方に対しては「超絶凄い！」という思いを抱きつつ、浪曲界というありように対して私は、

「かび臭い。時代遅れ感香ばしすぎ」

と、思っていた。

う～ん、問題発言すぎるな。いや、当時は定席木馬亭のお客さん、ものすごく少なかったんです。つ離れしない（九つ以下、十人に満たない）ことも多かった。

そりゃそうだよ、とも思ってた。

問題点は数々感じていた。

そもそも暑苦しい芸な上に、戦前のまんまの価値観満載の演題を微塵《みじん》のうたがいもなく、汗と涙ふりしぼって演じるとか。

木馬亭のロビーに置いてあるのは、手書きのモノクロコピー、会の趣旨も演題も書いてない、そそるポイントが一つも見出せないチラシ。

木馬亭に来る常連さん以外のお客さんが、情報を得るすべもない。

……というのを、一つ、一つ、改善してみたらどうだろう。

私は、うちの師匠に、国友先生に、国本武春師匠に、希望をもらっていました。浪曲は、いまこの現代でもあり得るのではないか。

でも、実際には木馬亭にお客さんは来ていない。私が幕内に入って、浪曲を好きになってしまったから、客観的になれなくなっているのではないか。

もしも、浪曲が時代遅れの芸能であるのなら、致しかたない。

でも、やり方に問題があるのなら。

試してみよう。

「天保水滸伝」というお話は、いまはあまり馴染《なじ》みがないかもしれません。しかし、昭和三十年代くらいまでは、国定忠治や次郎長伝、忠臣蔵などと同じようにポピュラーで、浪曲や講談、映画やお芝居でも定番の演題でした。だから、なんとなくタイトルだけは聞いたことはある、という人も多いはずだと思いました。

ちょっと前まで多くの日本人が共有してきた物語。そして、いまに通じる物語だと私は思っていた。それを、あえていまやるとこんなに面白い、という会をつくりたい。

まずは、タイトル。「玉川福太郎の徹

「玉川福太郎の徹底天保水滸伝」チラシ

底天保水滸伝」として、浪曲の殿堂、木馬亭にて、全五回でやることにしました。「徹底」とつけることによって、「これ、ずっと通えば、天保水滸伝という、どっか聞いたことあるような話が、最後には理解できるんだよね」と思わせる。

そして、チラシは、カラーでカッコよく、企画趣旨がよく伝わるようにキャッチコピーもつける。「天保水滸伝」は侠客の物語ですから、東映チャンバラ映画や任侠映画のポスターを参考に、友人のデザイナー倉地亜紀子さんにデザインしてもらいました。うちの師匠の顔は濃いから、チャンバラ映画風のデザインとものすごくマッチします。

企画趣旨がはっきりしていて、チラシがものすごくカッコよかったとしても、浪曲のろの字も知らない人たちをつかむには、浪曲の外にいる強力な応援団が必要です。第一回は俳優で、浪曲大好き、芸能に大変お詳しい小沢昭一さん、第二回は井上ひさし先生、第三回はプロデューサーで「てなもんや三度笠」「花王名人劇場」「ズームイン!!朝!」などの数々のヒット番組をつくられた澤田《さわだ》隆治《たかはる》さん、第四回はフォークシンガーのなぎら健壱《けんいち》さんと国本武春師匠、第五回は評論家の平岡正明《ひらおかまさあき》さん、演芸研究家の布目《ぬのめ》英一《えいいち》さんといった方々にトーク出演をお願いしました。

前座は私が務め、次に応援団の方々のお話。最後が師匠の一席という、さっぱりした構成。これも意図があった。

開催会場は木馬亭と決めていた。浪曲の殿堂に、新規のお客さんを呼び込みたい。そして、働いている現役世代の方々を呼び込むために、平日夜開催にした。開演時間は、十九時。絶対二時間以内の、内容は濃いけれど、短い会にしたいと思った。会が終わったそのあと、皆さん浅草で、一杯飲みながら、いま見てきたものの、評判をしてほしい。それはきっと、お客さんにとって楽しいこと。それによってお客さん同士がつながって、なんとなくゆるやかな浪曲の輪をつくっていきたいと思ったのです。

木馬亭で。わくわくしながら来てもらって、にこにこ満足して帰ってもらえるように。二〇〇四年四月から隔月で、「玉川福太郎の徹底天保水滸伝」五回連続公演を、開催しました。集客、お金の支払い・管理……初めてのことだらけでパニックになりながら。

結果は……大成功。初回、あふれんばかりにお客さんが来ました。当日は、手弁当で駆けつけてくれた人たちや私の母も手伝ってくれて、助けられながら。

二回目以降も毎回満席。しかもリピーターがものすごく多かった。袖から客席を見ていて、お客さんがわくわくしているのが見てとれました。

「あのさ、浪曲ってこんな面白かったたっけ？」

と、お客さんが戸惑っている声も聞こえました。

大好評につき、翌年「浪曲英雄列伝」とタイトル内容を変えて、さらに五公演。

大盛況で終えることができました。
なんだ。浪曲、時代遅れでもなんでもなかった。やり方の問題だったんじゃない。見せ方を工夫すればお客さんを呼べる、と確信しました。

浪曲師として名披露目

私の中では、浪曲の魅力がどんどんふくらみ、軸足が曲師から浪曲へ移っていくのをはっきり感じていました。木馬亭にはすでに毎月出演するようになっていましたが、さまざまなイベントで演《や》らないかという営業の話もいただき、曲師の仕事より浪曲師としてのご注文のほうが多くなりました。

浪曲も玉川美穂子という曲師の名前のままやっていたのですが、お客さんの間から「そろそろ名前をつけてあげて、名披露目《なびろめ》をしてあげたほうがいい」という声が上がったり、うちの師匠にも言う方が出てきました。

落語や講談には真打《しんうち》制度があり、前座を三、四年務めた後に二つ目に昇進し、さらに十年ほどの修行を積んで真打になる、というのが定石《じょうせき》なようです。現在の浪曲にはその制度はないのですが、二つ目昇進興行に代わるものとして、流派によって呼び方は違いますが、名披露目、年季明《ねんき》け、一本立ちの会などが一門ごとにおこなわれます。

福太郎一門の場合は、「名披露目」です。姉弟子たちも、三年くらい経ったときに、師匠の許しを得て名披露目興行をしていました。私は入門して十一年、とはいえ、最初は曲師。でも、浪曲で舞台に立ってすでに四年。どうしたものかと思う気持ちはありました。

でも師匠は、私の名披露目をする気は全然ありませんでした。

「美穂子は三味線でとった弟子だ。曲師だ」

そりゃそうです。曲師の後継者を育てないと浪曲がもたないっていうんでとった弟子に浪曲師になられては、元も子もない。

とはいえ。

ご贔屓《ひいき》さまからのプレッシャーが、私にも師匠にも。

「福太郎師匠、美穂子さんこれだけ活躍してるでしょう？　浪曲のためにも、この子名披露目して一人前にしてやらなきゃ、だめでしょう？」

ご贔屓から言われて、最後は師匠、抵抗できなかった。

この際、ちゃんと芸名をつけたほうがいいという話もお客さんから出ました。

うちの師匠は、「お多福」を持ち出したときに、私が固まったのを覚えていた。

「お前は俺がつけるのは嫌なんだろうから自分で考えろ」

いや、そう言われても。

国本武春師匠にうかがうと。

「美穂子ちゃんは大柄だから、『大福』でいいんじゃないの」

ああ、みんな親身に考えてくれない、それならと豊子師匠に電車の中で相談すると。

「そうだね、あんたは美穂子で、福太郎の弟子だろう。福美、美福……」

考え込んだのかと思って見ると……すでにぐーぐー寝てた。

もーーーーっ！

結局、友人の一人から提案があった「奈々福」に、師匠の許しを得て決まりました。七福神でもあり、ラッキーセブンでもあり。とても気に入っています。

二〇〇六年の十二月、木馬亭で名披露目の会を開かせてもらいました。

それでもうちの師匠は、私が浪曲師になってしまうのを納得していなかった。

口上の舞台の上でまで、「三味線を忘れたら拳固《げんこ》だぞ」と言っていた。三本締めのことを「三、三、七拍子〜！」と言い出して、口上《こうじょう》に並んでくださった、澤孝子師匠も、東家浦太郎師匠も、武春師匠も、そしてお客さんもひっくり返りました。客席は大入り。幸せな名披露目でした。その半年後の悲劇のことなんか、微塵も予想しなかった。

【コラム　浪曲Q&A】

Q&A4：どうしたら浪曲師になれますか？

浪曲師の家に生まれた子が世襲で浪曲師になる……というような世界ではありません。誰にでも機会は開かれています。お稽古ごとではなく、基本、この人と惚れこんだ師匠に弟子入りし、修行をし、数年経ったところで師匠からお披露目をしてもらって一本立ち、という形になりますが、いまはカルチャーセンターなどでも浪曲講座が増えましたので、気軽に体験できます。（一社）日本浪曲協会サイトにて、現在開催中の浪曲および浪曲三味線教室のご案内をしております。

Q&A5：浪曲の三味線には譜面がないって、どういうことですか？

私も最初は「どうゆうことっ!?」って思いました。私たちはお互いの呼吸でやっています。譜面、ないんです。もちろんまったく決まりごとがないわけではなく、いくつもの節の種類があり、弾き方のパターンのようなものはあります。でもそれも浪曲師によって全然違いますし、同じ浪曲師でも、昨日は言葉で運んだのに、今日は節でやったりと、一定していません。

曲師（浪曲三味線）は、三味線が弾けるだけではなく、浪曲の節の流れを熟知し、浪曲師の息を盗み、次の声の高さを察し、絶妙に背中を押すリズムで、浪曲に弾みをつけていく、超絶技術の持ち主。浪曲は三味線と二人で一つの芸なのです。

Q&A6：入門したら、どんな修行をするんですか？

修行のその1は、師匠の後見《こうけん》です。稽古より先にそっちです。カバンを持ち、師匠の現場に同行し、支度を手伝う。師匠の癖、好み、呼吸を覚え、着付け、片付け、楽屋での作法を覚える。柝頭《きがしら》、幕引き、太鼓を覚える。そして、当然ですが、浪曲を覚える。声の出し方を覚える……いや、覚えるというより、身体を変えていかなければなりません。

大きな声を出すためには、声帯を鍛え、呼吸筋を鍛え、鳴る身体にしなければなりません。最近浪曲界に、新弟子さんがたくさん入ってきました。嬉しいけれど……モノになるまで、大変だなあ。はははははは。

第三章

〜青葉若葉に風薫る——師匠が空に消えた日のこと

その日のこと

二〇〇七年五月二十三日。

お昼頃、携帯が鳴った。豊子師匠からだった。

「アンタ大変だ、アンタの師匠があぶない！」

何を言われているのかわからない。

豊子師匠も慌《あわ》てていたのだろう、いつにも増して話の順番がめちゃくちゃだ。

よく聞くと、師匠の福太郎が故郷山形県酒田《さかた》で農作業中、事故にあって、病院に担ぎ込まれたという。田植え機の下敷きになったのだという。

……いったいどういうことか、そう言われてもわからない。

とにかく、行かなければ。行かなければと思った。

豊子師匠から病院名を聞き出して、私はすぐに向かいます、と伝える。

早々に電話を切ると、膨大《ぼうだい》な数の着信履歴が残っているのに気づく。すべて公衆電話からだ。

イヤな予感。

当時、私はまだ、出版社に勤めていた。浪曲師でありながら、それだけで食べていける状況ではなく、辞《や》めるに辞められず二足の草鞋《わらじ》を履き続けていた。そしてその日の午前中は会議で、携帯を持たずに出ていた。

何件か入っていた留守録を再生すると、すべてみね子師匠の声。

「おとうさんがね、田植え機の下敷きになっちゃってね、もうダメかもしれないんだよ……。また電話します」

「声が聞きたいと思ったんだけど、また電話します」

病院と飛行機をすぐ調べる。酒田まで、電車では時間がかかりすぎる、空路が早い。空席もある様子。

再度豊子師匠から電話。アタシはこれからNHKの録音の仕事があるから、アンタと一緒に行けないから、アタシが一人で行ける方法を教えてくれ、深夜バスをとってくれ……パニックになっている私に、パニックになっている人が言葉を浴びせてくる。混乱しながら、とにかく、最終の飛行機を案内する。いつも私を頼り切りの豊子師匠が一人で飛行機に乗って酒田まで来られるか……でも気遣っている余裕はない。

そんな折り、劇団こまつ座のEさんから携帯に電話。

「奈々福さん、福太郎師匠のこと、知ってますか？　山形新聞から連絡があったんですが」

「はい、今から山形に行きます」

なぜ、山形新聞が、こまつ座さんが、事故を知っている？

その年の初め、師匠は山形で、Ｅさんが担当した公演の仕事をした。あとから思えば、事故の一報が警察に入り、それが山形新聞に伝わったのだろう。山形新聞がこまつ座に連絡したということは、師匠の状況が絶望的だから、コメントをとるためだったのだ。大した事故でなければ、記事などつくらない。……ということには、この時点では思い至らない。

とにかく、酒田に行く。たぶん泊まることになる。

会社を飛び出し、当時住んでいた秋葉原のアパートまで走った。とりあえずの荷物をまとめる。

荷物をまとめながら……だらだら、だらだら、汗が流れる。ぬぐってもぬぐっても、流れる。逆上している。血が逆流しているようだ。きっと熱が出てる。まさか。そんな。そんなことがあってたまるか。師匠にいなくなられたら、浪曲がおしまいになってしまう。

アパートから駅に向かう途中で、一番弟子の福助姉さんに電話。お福姉とこう福姉に伝えてくださいと言う。それから、妹弟子のぶん福、弟弟子の太福に電話。

太福は、その年の三月に入門したばかりだった。まだ三か月も経っていないが、初めての男の弟子で、師匠はとてもかわいがっていた。

傍《はた》で見ていて、うらやましいほどに。

五月は田植えの季節。師匠は、上旬の仕事を終えたあと、みね子師匠のご実家を手伝いに酒田に帰っておられた。ぶん福と太福も手伝いに行っているのは知っていた。携帯を持っていないみね子師匠には連絡がつかないから、もしやぶん福と太福がまだ酒田にいるなら、状況がわかるかもしれないと思ったのだ。

太福が電話に出た。しかし、田植えを終えた彼は、すでに故郷の新潟に戻っていた。

「あのね、師匠が大怪我をしたの。私はこれから酒田に向かいます」

「大怪我」……。それは、軽い伝え方だ。でも、正確な状況がわからないいま、無駄に心配させてもしかたないので、とりあえず、そう伝えた。

玉川太福

電車の中。圏外のときに限ってみね子師匠から電話がはいっている。着信履歴をもどかしく見つめる。なんで公衆電話なんだ。話せないんだ。

キングレコードの、師匠の担当者の方から電話。

共同通信から連絡が来た由。

それがどういうことか、そのときはわからなかった。とにかく、情報を共有できる人がいるだけで、ほんのすこし、ほっとしていた。

羽田空港で、師匠の姪御《めいご》さんと連絡がつく。師匠のお兄さん、彼女の父親が第一発見者だったとのこと。外傷はないが、田植え機の下敷きになって呼吸できなかった時間が長い、まだ医者からなんの話も出てない。

やっと状況が少しわかった……なぜか私はここで少し安心してしまった。

そんなことがあるわけない。師匠があぶないだなんて。

行ったら、大丈夫だった、よかったということになるに違いない。

下敷きになった、という言葉にショックを受けていたが、「外傷がない」と聞いたことも、ほっとした一因だったかもしれない。

庄内《しょうない》空港に着いて、病院までタクシーを飛ばす。着いたのは五時過ぎだった。

総合受付で師匠の本名を告げると、最初、一般病棟と言われる。

ああ、やっぱり。ほら、やっぱり。一般病棟なら大丈夫、危機は脱したんだ……と思ったが。

「ごめんなさい、いまのは間違いで、ＩＣＵです」

ＩＣＵ……。

構内図を探して、やっとたどり着く。だが、そこはぴったり扉が閉まっていて、入り方がわからない。入り口にある電話を取り上げ、中にコールを入れても、応答がない。扉の前で右往左往していた。

突然扉が開いた。みね子師匠が出てきた。

あっと叫んで、私にどーんと体を預けるように抱きついてきた。

全身が震えている。震えながら、泣いている。

「おとうさんね、もう、ダメなんだよ」

……ダメって、どういうこと？

三十分前に、医者から説明があったという。

あと数時間、持っても数日。すでに脳死状態であることを宣告されたとのこと。

師匠のそばに行く。

眠る師匠。顔に、ぴくぴくと痙攣《けいれん》が走っている。しかし、しばらくするとそれも落ち着き、ただ昼寝をしているようだ。でも、口からときどき、つーっと、泥水が出る。師匠のお姉さんと、みね子師匠が丁寧《ていねい》にぬぐう。手をさすり、髪をぬぐい、話しかけ、いつくしむように面倒を見ている。

その二年前のある日

日本で唯一の浪曲の定席《じょうせき》である浅草木馬亭。毎月の出番を終えて寄席がハネたあと、師匠は当日出演した他の演者や弟子たちを連れて、ひさご通りの入り口にあった、もつ焼き屋の「三ちゃん」でちょっと飲むのが定番だった。

いまでも、先輩方みんなおっしゃる。

福ちゃん、いつも出番終わると、誘ってくれてね。おごってくれてね。

そう。寄席のワリ（出演料）なんてちょびっとなのに、師匠はみんなにおごっちゃうのだ。

師匠の、芸の上の伯父に当たる故玉川桃太郎《たまがわももたろう》師匠もおっしゃってた。

「福太郎と飲みに行くのが楽しみでなあ……」

でもなぜかその日は、師匠とみね子師匠と私だけで「三ちゃん」に行ったのだ。

二〇〇五年の、初夏だったように記憶している。

師匠は、いつもウーロンハイ。みね子師匠は、ぬる燗《かん》の日本酒。私は何を飲んでいたのだったか。焼き鳥、もつ煮込み。ぬか漬け。

突然、師匠が言ったのだ。

「おい。オレは酒田に帰ることにしたからな」

……え。酒田に帰る？　意味がわからない。

その前年から、私は弟子ながら、師匠の公演のプロデュースを始めていた。

「玉川福太郎の徹底天保水滸伝」全五回公演。

それが大当たりして、その年も引き続き「玉川福太郎の浪曲英雄列伝」と銘打《めいう》った連続公演を企画し、毎回お客さんで木馬亭を溢《あふ》れさせていた。

その影響もあり、師匠にいままで以上にいろいろお声がかかるようになっていた。明らかに仕事が増えていた。

「おい。国立名人会から声がかかったぞ」

嬉《うれ》しそうに言っていた。大きな仕事も入っていた。私がマネージメントみたいなこともしていた。師匠はどこまで行くんだろうな。順風満帆だな……と、思っていたのだ。

なのに、師匠はどこか、醒《さ》めていたらしい。業界内で嫌なことが重なっていたせいもあったのかもしれない。でも、そんなことは、小さなことだ。

「みね子に恩返しがしたいんだよ」

……？

「みね子は、こんな世界に全然縁がなかったのに、オレのために、一から三味線を習って、オレを支えてくれたんだ。いま、みね子の父親が年をとって、農業が続けられなくなった。オレは昔から、田舎暮らしにあこがれているところがあったんだよ。もう東京で十分仕事をしたから、これからはみね子がいいように暮らす。浪曲は辞めないよ。酒田でだって仕事はあるだろうし、東京で仕事があれば、出てきて仕事をすることもある。まあ、半々くらいになるのかな」

……何を言っているんだ、この人は。

去年から今年にかけて、浪曲にいままでなかった大きな波が起きている、そのさなかじゃないか。あんなにお客さんが喜び、浪曲に希望が生まれている、これからどんどん良くなる、仕事も増える、そんなときに……何を言っているんだ、この人は。

自分でも予期せぬことが起こった。

次の瞬間に、私は号泣《ごうきゅう》していたのだった。

声をあげて。天を仰《あお》いで。「三ちゃん」のおてふきを目に当てて。自分でもどうしていいかわからないくらい、泣いていた。

せっかく、浪曲に希望が生まれて、育ちつつあったのに……。

なぜ、なぜ、こんないいときに、師匠はそれを捨てるというのか。

号泣する弟子を前に、師匠はドン引きしていた。みね子師匠も驚いていた。

泣いてる私を残して、支払いを済ませて、お二人はとっとと帰ってしまった。

そのあと私はどうしたのだったか……。


武春師匠に相談をした。武春師匠も驚いていた。

でも。

こういうときに、武春師匠という人は、私が予想だにしなかった意見を言われることが多いのだ（だから武春師匠に死なれたときにも、大いに困った。想像を超えるアドバイスをくれる人がいなくなってしまったから）。

「あのね、美穂子ちゃん」

はい。

「それも、ひとつの方法かもしれないよ」

え？

「福太郎師匠もさ、長年東京で浪曲やって、東京でできることに、見切りをつけたのかもしれないよ。浪曲ってね、もともと都会の芸じゃないんだよ。ローカルなものなんだよ。酒田でもけっこう仕事ができるかもしれないよ。それはそれでいいんだよ。オレもさ、できれば故郷の成田に戻りたいと思ってるんだよ。東京引き払ってさ……」

えええええええええええーーーーーっ！

ちょっと待ってくださいよ、武春師匠！

「冗談じゃねえや、美穂子がこんなに奮闘して頑張って、こんなお客さん集めてるときに、山形へ帰るなんて、福太郎師匠もナニ考えてんだ。よしわかった、オレが止めてやる！」

って言ってくれるような師匠じゃないことはわかってた、けど。

オレも成田へ帰る、だってええええ？

実際、ほどなく武春師匠は東京を引き払って成田に家を建てられた。

その後も東京でがんがん仕事されてたけど。

そして、うちの師匠は、半々、というよりは東京にいる時間のほうが長かったけれど、農繁期には酒田の、みね子師匠のご実家に帰り、農業をするようになっていたのだ。

二〇〇七年五月。田植えがようやく終わり。親戚や近所の方々、そして手伝った弟子たちを交えて楽しい宴会をし。

その日、田植え機をしまうために、師匠は農道を運転していた。そのとき、ハンドル操作を誤り、田植え機ごと、田んぼに落ちた。「あ」という声がしたのを、師匠のお兄さんが聞いたという。師匠の上に、田植え機が乗っかった……その地域の田んぼは、泥が深いのです。師匠は、泥に埋まってしまった。

空に吸われて、逝ってしまった

眠り続ける師匠。

信じられない。そんな。だめですよ、師匠。

この頭の中にあった、あんなに数多くの演題が、もう、この頭の中では死んでしまっているというの？

異様にノドがかわく。腰が痛い。たぶん熱が出ている。「血が逆流する思い」という言葉があるが、本当に血は逆流するんじゃないだろうか。

福助姉と、妹弟子のぶん福に電話をした。師匠の状況を話した。二人とも絶句していた。

太福に電話。

——落ち着いて聞いてね。

「はい」

——師匠ね。あと数時間か、もって数日って言われたの。

「……えっ！」

――私は病院にいます。来るか来ないかはあなたが判断しなさい。

入ったばかりの弟弟子。「来い」と呼びつけるべきかどうか、彼と師匠の距離感が私にはわからない。ただ新潟からなら、日本海沿いに電車でそうかからず来られるはずだ。来るだろうな、と思った。

知らせるべき人を一生懸命考える。

会いたい人は会ってもらったほうがいい。

夕方のニュースで重体と流れたらしく、師匠のお友達が駆けつけてきた。みんなに会ってもらう。外傷がなかったことが救い。

師匠の手。師匠の足。うなっていた師匠の口。

ウソでしょう。

おとうさんに頼りすぎた。私のせいだ、いい人だった、やさしい人だった……みね子師匠が、誰に言うともなくつぶやく。農作業なんかさせなきゃよかった。おとうさんにハンディがあるのに、私はそのことを考えてあげなかった。

師匠は小児結核が原因で、手にちょっと障害があった。右肘に人工関節を入れていた。その四年前に大病をしたときに、右肘が膿《う》んで、その人工関節も取ってしまっていた。

……怖かったんだよね、田植え機運転するの。無理をさせちゃったんだよね。

九時過ぎ。太福が駆けつけた。ほどなく東京から、師匠の息子たち、兄弟、親戚、そして豊子師匠が駆けつけた。それからものの三十分。すうっと師匠の命は消えた。

息子たちは現実が受け入れられない。太福は、ぼうっと、暗い廊下で一人で考え込んでいる。

各方面へ連絡。協会。新聞。


最後に会ったのは、五月九日だった。赤坂の某クラブで浪曲。みね子師匠のご都合が悪くて、私が弾《ひ》かせてもらった。「中村仲蔵《なかむらなかぞう》」と「天保水滸伝　鹿島の棒祭り」の二席。私はそのとき、「鹿島の棒祭り」を師匠にお許しいただき、覚えている最中だった。

「玉川の子なんだから、『天保水滸伝』一席くらいはできないとな」

だから「棒祭り」を弾けるのは嬉しかった。

曲師というのは特権的な存在だ。師匠の浪曲を特等席で浴びるように聴けるのだ。入門して十二年。相変わらず三味線はあんまりうまくなくて、なのに、そのとき師匠はいっぱいギャラをくれた。ご贔屓《ひいき》さんの車で、北千住の駅まで送ってもらって、降りる間際に「ありがとうな」と言ってくれた。

それが、最後の言葉。その日が、師匠の最後の舞台。

「鹿島の棒祭り」の上げの稽古をお願いしたくて、酒田にいる師匠に電話をかけた。

電話には、師匠ではなくみね子師匠が出られた。

「いま、宴会してるんだよ」

電話から、大勢集まってにぎやかに飲んでいる様子が聞こえる。そこに、ぶん福も太福もいたのだろう。

「お稽古をお願いしたいんですが、いつ帰京されますか？」

「ちょっと待ってね、うちの人に聞く――二十五日に帰るから、その日においでって！」

電話をしたのが二十日。お稽古予定の二十五日が葬儀になってしまうとは。


師匠の亡骸《なきがら》は、深夜に斎場に移った。

師匠。眠っているようだ。すっごい男前の顔している。

師匠の顔を見ると、死んだことを確認できるが、ちょっと師匠の前を離れると、到底現実とは思えない。でも、この男前の師匠の顔を、姿を目に焼きつけておきたいと思って、何度も、何度も、枕元に立った。

すごくいい顔だ。いい男だ。いい声だった。すごい浪曲だった。惜しい。惜しい。そんな、あり得ない……師匠、どうしてですか。

夜中にもかかわらず、各方面に電話をしたり、電話がかかってきたり。遺影製作の依頼や、仕事先からの問い合わせ。ちょっと空いたひまに、家族控え室で横になってみたが、結局一睡もできなかった。

夜が明けると、東京から、姉弟子妹弟子、協会幹部の方々、関西や名古屋から、浪曲の師匠方……続々と駆けつけてくださった。何があったんだ、いったいどうしたんだ、と口々に。

師匠のお別れ会にて。左から二番弟子お福（故人）、六番弟子太福、五番弟子ぶん福、みね子、三番弟子こう福、総領弟子福助、奈々福

葬儀屋さんや、後援会の人たちと、葬式の段取り。私は主にマスコミや、かかってくる電話への対応と、各方面への連絡。

みね子師匠が心配でならない。憔悴《しょうすい》し切っている。お師匠さん、倒れないで。

二十四日、通夜。二十五日、葬儀。

みね子師匠は、喪主として、挨拶をしなければならない。

「いまは、太陽を失ってしまった気持ちです。

また生まれ変わってても一緒になってもらいたい気持ちでいっぱいです」

〽青葉若葉に風薫る　空は五月の水浅葱《みずあさぎ》……（「天保水滸伝　鹿島の棒祭り」外題付《げだいづ》け）

師匠は、水浅葱の空に吸い込まれて、逝ってしまった。

私の希望の星が、いなくなってしまった。

翌日、私は国立演芸場での仕事があった。「国本武春・神田《かんだ》山陽《さんよう》二人会」の司会進行役。

昼席だから、その日のうちに帰らなければならなかった。

豊子師匠と太福と、三人で帰京。

別れ際に、太福に言った。

「辞める、という選択肢もあるんだよ。よく考えなさい、師匠が、いないんだよ」

師匠に死なれた以上、この子は辞めたほうがいい。まだ三か月足らず。いまなら傷も、浅い。

幸せな日はもう戻らない

五月三十一日。

前年十二月、木馬亭にて正式な名披露目《なびろめ》公演をしたが、そこから一年間は、さまざまな形で名披露目公演の予定が組まれていた。

その日は、「すなしま寄席」という地域寄席にて、名披露目。

朝起きて、気分はのんびりしていた。ああ、少し落ち着いたかな、いい感じかも、と思った。

出演は、柳家権太楼《やなぎやごんたろう》門下の小権太《こごんた》さん（現・東三楼《とうざぶろう》師匠）と、奈々福と、武春師匠。お客さん陽気で、小権太さんからどかんどかん受けている。武春師匠のときはひときわすごい。私は、豊子師匠の糸で、国友先生直伝の「小田原の猫餅」。

丁寧にやったつもりだが、力が入りすぎたのだろう。うまくいかなかった。

「お師匠さん、うまくいかなかった……」

「アンタ、力が入りすぎだよ。声が上へ上へ行っていたよ」と豊子師匠。

いつもこういう会の打ち上げには出られない武春師匠が、最後までいてくださった。

「姉さん、武春師匠にも小遣いいただきました」

ねえさん、と私を呼ぶのさえまだぎごちない太福は、それでも辞めずに、会を手伝っている。

その晩、師匠の夢を見た。

師匠と旅をしている。仕事の旅だ。なんだか画面全体が暗い。コンクリート打ちっぱなしの建物の、寒い楽屋に師匠と一緒にいる。私は翌日師匠が死ぬのを知っていて、師匠をかぎりなくなつかしく惜しく見つめている。でも、時間が止められない。翌日師匠が死ぬというのに。

がばっと起きた。絶望感にうちひしがれた。

私じゃあだめなのだ、浪曲にあいた巨大な穴は、私なんかじゃあ埋められないのだ。

師匠がいなくてはだめなのだ。

私はまだできない、全然だめ、お客さんを満足させられない、浪曲やっても楽しくない、もう、楽しく浪曲をすることができない。もう、浪曲を聴きたくない……。

六月二日。

木馬亭の、定席前の時間を借りての、おはようライブ。師匠をしのび、私を心配して、大勢のお客さんが駆けつけてくれた。

師匠に、上げの稽古をしてもらうはずだった「鹿島の棒祭り」。国立演芸場での仕事の翌日、浪曲広小路亭で、大和稲子師匠に弾いてもらってネタおろしはしていたが、この日は、山形から強引にみね子師匠に帰京してもらって弾いてもらうことにした。このままみね子師匠が、山形から帰ってこないのではないかと恐れたのだ。一席目の「掛川宿」を豊子師匠で、そして二席目の「棒祭り」を、みね子師匠で。

二席終わって、お客さんから掛け声。拍手。

……全然できてないのに。なにもかも、未熟なのに。師匠の「棒祭り」が、頭の中で鳴っている。

帰宅して、お客さんが録画しておいてくださった師匠のニュースを見る。

生きて、動いている師匠の姿。着替えを手伝っている私の姿。

師匠の落ちた田んぼ。師匠が運転していた田植え機。生きていた師匠。うなっていた師匠。

「つなぎ役ができればいいんじゃないですか」と、カメラに向かって笑っている。

そう。師匠は自己評価がとても低かった。どうして師匠は自分の力を、理解しなかったんだろう。一言も威張らなかったんだろう。自分はつなぎ役にすぎない、育ててもらったから後継を育てるんだ、それでいいんだと言っていた。

オレが浪曲だ、オレこそが浪曲だって、言えばいいのに！

師匠がいたとき、どんなに私が幸せだったか。思い知らされている気がする。着替えの手伝いも、旅の仕事も、師匠とお酒飲むのも、師匠の三味線弾くのも、みんなみんな、すごく幸せだった。

【コラム　浪曲Q&A】

Q&A7：浪曲で、食べていけますか？

それは保証の限りではありません。ただ、私も豊子師匠も、浪曲の実演だけで、いまのところ、おまんまをいただいております。メディアのレギュラーも何も持ってなくて、基本、日々の舞台でいただくギャランティだけです。

入門したてで生活できるだけのお金を稼ぐのは無理です。修行中は、師匠の後見《こうけん》をして小遣いをもらい、寄席の出番で足代程度のギャラをもらい……だから、いまの浪曲の若手もアルバイトや派遣で働いている人たちが大半です。でもね。入門後、五年くらい経って師匠が名披露目をしてくれて、一本立ちしたら、自分で自分の勉強会を開き、お客さんを呼んで会をつくることができるのです。つまり、「自分の場を自分でつくる」ことができるのです。

それが魅力的であれば、いくらでもやりようがある。そのために、修行中は、自分の芸と感性を磨《みが》いて磨いて磨いて。イヤ、私もいまだに修行中ですけどね。

Q&A8：浪曲やっていて、一番楽しいことはなんですか？

お客さんをお見送りするとき「今日、会社でイヤなことがあったんだけど、奈々ちゃんの浪曲聴《き》いたら元気が出たよ」なんて、お客さんが言ってくれたことが、一度ならずありました。

ああ、あなたのために私は心身捧《ささ》げて浪曲やっている！

あくまでも大衆芸能である浪曲の手柄は、聴いてくれる人の活力になることだと思っています。舞台に立って、お客さんが物語に心を浸してくれている様子がわかる瞬間も至福。客席との一体感が感じられることほど、幸せなことはありません。

それから、譜面のない、セッション性の高い浪曲で、曲師とぴたっと息が合って、二人でどこまでも走れるような気持ちがするとき、もう、二人で別世界に行っちゃうような気がする瞬間……これも至福。

Q&A9：浪曲やっていて、一番つらいことはなんですか？

一番つらいのは、声が出ないときです。風邪だったり、ストレスだったり、声帯の使い過ぎだったり。舞台の上で真っ青になったことは何度もあります。

あとは、やはりなにかの具合で、お客さんとの間に距離が生まれてしまったとき。選んだネタとお客さんの相性がよくなかったり、芸が未熟であったり、お客さんもしくは演者の気が散るようなトラブル要素が発生したり。とにかく、お客さんが喜んでくれていない、冷めている……そんな中で芸を続けることほどつらいことはない。

ライブの芸ですから、いろんなことがあります。

失敗経験はものすごく貴重です。ツライ状況下でも可能なかぎり、お客さんに満足していただきたい。舞台が終わったときに、「よかった」と言ってもらえる結果にもっていくために、知恵も汗も、ふりしぼります。

失敗は宝。地獄を数々見てきたことは、私にとって財産です。

第四章

〈利根の川風たもとに入れて〉——特別の人たち

お世話になった方を挙げれば限りないですが、「奈々福ができるまで」に深くかかわっている、「この方だけは書いておかねば！」な方々について記しておきます。

【曲師編】

玉川美代子《たまがわみよこ》師匠（一九二二〜二〇一二年）

一番最初に出会った曲師のお師匠さんです。音色がダイヤモンドの小粒の方です。小柄で細いのに、お腹から出る太い掛け声も魅力的だった。初代玉川勝太郎の弟子の小金井太郎《こがねいたろう》師匠のご長女でした。小さい頃から長唄を習われ、十四歳から、浪曲の三味線を習われたそうです。初代東家浦太郎先生、また二葉百合子先生、葵《あおい》わか葉《ば》師匠の記録音源などで、美代子師匠を聞くことができます。

糸そのものの響き、撥《ばち》が糸に当たる摩擦音、撥が胴皮に当たる音。まあるく粒立って、粒がそろっていて、なんともココロ狂わせる音でした。関東節独特の「ツントン」という手のとき、美代子師匠は、二の糸を押さえる中指の位置を、正確なツボよりちょっと高めににじるのです。これに、ヤラれるのです。

そして撥さばきの小気味よさ。鋭さ。ひゅん、と狂う感じに、強烈に憧《あこが》れました。

お人柄は……どうして名人の曲師に限って、楽屋であんなに多弁でいらっしゃるんでしょう、私の浪曲のお客さんは、沢村豊子師匠の弾丸エンドレストークのことをよくご存じだと思いますが、美代子師匠は、声は豊子師匠ほど大きくないけれど、量感において、さらに上を行く感じ、と申し上げれば、想像していただけるかと。

伊《い》丹《たみ》秀敏《ひでとし》師匠（一九三五年〜）

三味線教室のもうお一人の講師でいらしたのが、秀敏師匠です。こちらも超絶名人の師匠です。

教え上手で、三味線教室では関西節の講師を務めてくださり、秀敏師匠のもとで、二代目伊丹《いたみ》明《あきら》さん、馬越《うまこし》ノリ子《こ》さん、東家《あずまや》美《みつ》さん、伊《い》丹《たみ》英幸《ひでゆき》さんがプロになられ、その後もお弟子さんを育てておられます。

伊丹秀敏

八歳で（！）浪曲界に入られ、最初は浪曲師だったそうです。お兄さんの初代伊丹明師匠とともに、七色の声といわれた、大看板の伊《い》丹《たみ》秀子《ひでこ》先生に師事されました。途中で、三味線に興味を持たれ、伊丹先生に勧められ、明師に手ほどきを受けて、曲師に転向されました。伊丹先生をはじめとして、秀敏師匠が弾いてない大看板はいらっしゃらないのではないかというくらい、曲師の第一人者として活躍されました。

芯から底から、浪曲が大好き！

ある年の浪曲大会。前座っこだった私は秀敏師匠から「今日足袋《たび》を忘れたわ、アナタ、足袋買ってきて頂戴《ちょうだい》！」とお使いを言いつかりました。急いで買ってきてお渡しすると、「ご苦労様。後ろを向いて」と言われたので、後ろを向くと、しゅ、しゅ、しゅ、しゅ、しゅ、という音が。音とともに強烈な香りが！

いったい何が起こったのかと振り向くと秀敏師匠、シャネルの19番の大びんを持って。「これね、社長にもらったの。高いのよ！」頭のてっぺんからつま先まで香水浴びせられて、私はすごいことになりました。歩くシャネルの19番。香りがお駄賃……強烈な思い出です。

年月を経て、現在秀敏師匠は、楽屋で、奈々福の夫、ということになっておりまして、こういうときはこんな手を弾くのよ。こんな手もあるのよ、素敵でしょ……と、三味線についても節《ふし》についても、惜しみなくこまやかに教えてくださいます。浪曲師浜乃《はまの》一舟《いっしゅう》としてもご活躍で、すばらしい声節《こえふし》！　八十五歳でますますお元気。天津《あまつ》羽衣《はごろも》先生の節が大好きで、いつも楽屋でうなって、節の回し方を教えてくださいます。

吉野静《よしのしずか》師匠（一九三八〜二〇〇七年）

三味線教室で、実質的に手ほどきをしてくださったのは静師匠です。糸道もついてない素人を、辛抱強く指導してくださいました。三代目勝太郎先生の相三味線《あいじゃみせん》でいらっしゃいました。手数は多くない師匠です。でも、三代目の先生にぴたりと合う三味線でした。静師匠のアイノコ節の手を、私は死ぬほど聞いて、死ぬほど真似しました。

芸事が好きだったお母さまの影響で最初は女流義太夫《ぎだゆう》の師匠につかれて浄瑠璃《じょうるり》を習ったそうです。そののち、浪曲師の隅田梅若《すみだうめわか》師匠に見込まれて浪曲師に。そして二十歳で曲師に転向されました。

豪快そうに見えて本当は繊細。でも、入ったばかりの新人から見ると、ちょっと怖い師匠でした。「バカヤロー！」「福太郎の下手なとこばっかり真似して！」叱られました。旦那様が太神楽《だいかぐら》の翁家和楽《おきなやわらく》師匠でいらしたので、ご自宅にうかがって獅子舞の手も教えていただきました。

静師匠でしみじみと思い出すのは、浪曲って本当に二人で一つの芸なんだなあということです。二〇〇〇年に三代目の先生が亡くなられたあと、静師匠も、すっかり気が弱く、小さくなってしまわれました。身体を壊され、復帰を目指してリハビリをしておられたのに、うちの師匠が亡くなった年に、ふっと亡くなってしまわれました。復帰されるのを待っていたのに……。

玉川《たまがわ》みね子《こ》師匠（一九五三年〜）

師匠福太郎の妻にして相三味線。入門後、三味線の指導を受けたお師匠さんです。ご夫妻は同郷、山形県の、いまは酒田市になった地域の出身です。若き福太郎師匠はあるとき、木馬亭の舞台から客席にいるみね子師匠を見つけ（そもそも、木馬亭に若い女性がいること自体がレア）、あまりの可愛さに目が釘づけ。後で聞いたら知り合いの娘さんだったので、口説いてしまったそうです。

結婚後、師匠は自分のために三味線を習ってほしいと希望し、みね子師匠は木馬亭で始まったばかりの浪曲三味線教室に通われました。その後、長く日本演芸家連合の会長を務められた木村若衛《きむらわかえ》先生の相三味線だった、山本太一師匠に師事して学ばれました。

温《あたた》かい師匠です。福太郎師匠のかばん持ち仕事のあとご自宅に戻ると、一緒に仕事をしたみね子師匠だってお疲れのはずなのに、いつも大量の料理をぱぱっとこしらえて、「さあ、食べなさい！」

いつもは控えめで穏《おだ》やかだけど、厳しい面もお持ちです。長いお手紙をいただいたことを書きましたが、それ以外にも、二人きりでご飯食べているときに「アナタはいっつまでも私の真似ばかりしていて！　そろそろ自分の手をつくり上げなさい！」なんて驚くようなことを言われたこともあります。

お酒を飲むと、時々師匠と、大げんかされます。

「青龍刀権次」という時代に取り残されていく小悪党が主人公の演題は、師匠福太郎が大好きなネタでした。変わりゆく世の中に、うまく対応できない男、権次にご自身の姿を重ねておられました。

大切な会にこの演題を選ばれるのですが、みね子師匠はこの演題が好きではない。主人公が小悪党なうえに、三味線の聞かせどころがない。なぜ大事な会にこれを選ぶのよ！と、みね子師匠がうちの師匠に食ってかかるのを何度か見ています。それは、浪曲にも夫に対しても、愛があるからなのです。いまは売れっ子となった弟弟子の太福さんを糸で支えつつ、曲師のお弟子さんを育てつつ、ものすごく忙しい日々を送っておられます。

加藤歌恵《かとううたえ》師匠（一九二九〜二〇一四年）

私が、強く憧れたお三味線の師匠です。林伯猿《はやしはくえん》という、文芸浪曲で有名な浪曲師の、長女でいらっしゃいました。「二天門のお美代」という名人に学ばれ、のち山本太一師匠に

加藤歌恵

学ばれました。つまりみね子師匠の姉弟子にあたります。
　極太の糸を使われ、皮の張り方もゆるい。弾《ひ》き方も、音色も、独特。シャン、とひと撥弾いた音だけで「あ、歌恵師匠だ」と、わかります。なんとも奥行きのある、滋味深い音です。ある意味、豊子師匠と、奏法も感覚も音色も、対照的な三味線です。
　豊子師匠が三味線の皮をカン張り（強めに張る）にし、音楽的で、踊るような三味線なのに対して、歌恵師匠は、ぼーんとぼんづいた音色で、「語る」三味線、というか。節のとき、余分な手は一切弾かず、自由に演者にうならせます。相手の口調やリズムに合わせて、肝心かなめのところだけしっかり受け、ぐっと背中を押す、その押し具合のお見事さ。まさしく腹で支えるってこういうことだと思います。
　歌恵師匠に、たった一度だけお稽古《けいこ》していただいたことがあります。尊敬しすぎて、思わず歌恵師匠の独特の手を弾いてしまったら「百年早い！」と言われました。晩年……八十歳を超えてから、五月一朗《さつきいちろう》先生と結婚されて五月歌絵となられました。

沢村豊子《さわむらとよこ》師匠（一九三七年〜）

私がこの世界に入っての最高の幸運は、師匠が玉川福太郎夫妻であったことと、名人沢村豊子師匠に弾いてもらえたことだと思います。

豊子師匠の詳細な経歴、物語については、姜信子《きょうのぶこ》著『現代説経集』（ぷねうま舎）を読んでください。佐賀県の炭鉱町の、行商の呉服商のお嬢ちゃんだった豊子師匠は十一歳でこの世界に入られました。佃雪舟《つくだせっしゅう》先生の相三味線になって「佃美舟《つくだみふね》」。そののち、当時売り出し中の国友忠先生に見いだされ、長年相三味線を務められました。それ以外にも、三波春夫先生、二葉百合子先生……看板浪曲師ばかり弾いてこられた、エリートです。

佃雪舟先生は関西節。糸をゆるく張った「水調子」で美しい音色を出すのはとても難しい。名人山本艶子《やまもとつやこ》師匠の指導のもと、水調子で徹底的に稽古されたことが、豊子師匠の類《たぐ》いまれなる音をつくったのではないかと想像しています。その後、厳しい国友先生に関東節（高調子）を鍛えられました。

豊子師匠の華《はな》やかなきらきら輝くような音、場面によってさまざまに色を変えるさまを、至近距離から浴び続け、それは私に染みこんでいます。

畏《おそ》れながら「相方」として二十年近く弾いていただいている中で、私が思う豊子師匠の凄《すご》さ。

音色の美しさは抜群です。一音一音に躍動感があり、音がいつも弾《はず》んでいます。この「弾む音」に、浪曲師はどんなに助けられるか。

「三味線の機嫌をとる」名手です。浪曲の三味線は、糸は絹糸、駒は豊子師匠の場合は象牙、胴は犬の皮が張ってあり、撥先《ばちさき》は鼈甲《べっこう》……と、動物由来の、非常に不安定なものばかりで、湿度や気圧の変化を受けやすい。それを、時と場に合わせ、演者の声質に合わせ、一番いい具合に調整するのです。毎日弾いている私に対しても、今日のアンタにはこれくらいの音がいい、と駒の位置を日々微調整されます。豊子師匠の調整にかかると、私の三味線までですばらしくきれいな音を出すので、MY三味線に大変申しわけない気がしたものでした。

抜群のリズム感があることも、特徴だと思います。バラシ（一席の最後の節。早い調子のものが多い）のノリのよさたるや。

私は、武春師匠のバラシを弾くときの豊子師匠に惚れ惚れし、お二人の丁々発止《ちょうちょうはっし》に嫉妬《しっと》しました。武春師匠を弾くときの豊子師匠が一番凄い。でもいつか、奈々福を弾くときの豊子師匠が一番凄いと言われるようになりたかった。

つまり浪曲の三味線は、演者との呼吸によって変化します。

お師匠さんは、「私はこの手を弾きたい！」とあらかじめ思うことは全然ないのです。

とあるバンドマンの方が、豊子師匠の三味線を、ギタリストのCharみたいだ、と言ってました。でもCharは、「オレが！」って感じがあるけれど、豊子師匠はそれがないと言っていましたが、まさしくそうだと思います。

いい意味で自我がなく、演者に寄り添い、一体化して物語に没入してくれる。二人で一つになれるのです。演者にとってはなにより嬉《うれ》しくありがたいことです。そして私の背中を絶妙な加減で押してくれます。どうしてこの速さがいいってわかるんだろうって、いつも不思議に思います。長年一緒にやっているからなのか……。

それにしてもお師匠さんの三味線はよくしゃべる（笑）。本当に感情豊かで、私が「あれっ？」と素《す》っ頓狂《とんきょう》な声を出すと、次の瞬間三味線が「あれっ？」という音を出しています。「ありゃりゃりゃ」と言えば三味線が「ありゃりゃりゃ」。

豊子師匠いわく「声の高さに、手が行くんだよ」。

浪曲師の啖呵とその感情を、三味線と掛け声で見事に拾ってくれます。この入れ方のするどさ。浪曲の緊密度が格段に増します。

演者の声の高さや感情に対して、反応して弾くだけなので、お師匠さんは何をどう弾いたか覚えていません。楽しい場面も、悲しい場面も、それに応じて、三味線がよくしゃべり、演者を支えてくれます。だから、こんなに長く弾いてもらっているのに、いまだに聞いたことない手が繰り出されて、それに驚かされることしばしば。明るいお師匠さんです。未来を憂《うれ》えないお師匠さんです。人と一緒にいるのが大好きでおしゃべりが大好きで、そばにいると大変です。

たまたまお仕事がなくて連絡しないでいたとき、一週間ぶりに電話したら、アンタから全然連絡ない、もう他の三味線でやることにしたのかと思ってさみしいさみしい気持ちでいたんだと泣かれました。うそ泣きでしたけれど。一週間会わなかっただけで「放っておかれたんだよ、アタシは！」と楽屋でみんなに言うのはよしてほしいです。

旅仕事が大好きで、旅に出る日は気持ちが急《せ》いてうちを早く出てしまい、上野駅で三十分も先について、私を待ってます。

日本茶が大好きです。グリーンクラブ会長を務めてます。会長：沢村豊子、副会長：玉川奈々福（会員二名）。

ああもう、豊子師匠のことは、きりがないです。

【浪曲師編】

玉川福太郎師匠《たまがわふくたろう》（一九四五～二〇〇七年）

私をこの世界に引き入れてくれた方。山形県平田町（現酒田市）出身。小さい頃から民謡などを歌って声自慢だったようです。東京へ出てきて、コックの修業をしていたときに、レコードで浪曲を聴き「これならできる」と思ったという。

二十三歳での入門は当時としては遅いほうだったと思います。そんな声のあるうちの師匠でさえ、谷中《やなか》の墓地で毎日声を出して、出しすぎて貧血起こして倒れて、石にぶつかって顎《あご》に大きな傷を負いました。その傷跡がありました。浪曲は、半端な声ではできないのだと、つくづく思います。

私はいま、木馬亭の定席《じょうせき》の始まる前の朝の時間に、定期的に勉強会を開いていますが、うちの師匠がはるか昔にそれをやっていました。長い物語の連続読みにも挑戦していました。

また、気軽に浪曲を呼んでもらえるように、「出前浪曲」と称して、個人宅、喫茶店、小さな場所にも赴《おもむ》いて会を開いていました。落語や講談の方々と一緒に勉強会を開いたり……浪曲を少しでも広めたい。いま私がやっていることは、みんな師匠がやっていたことです。

太く張る声、細く絞り出す高音、くるくる回る節、豊かな表情、こぼれる愛嬌《あいきょう》。本当に魅力的な浪曲であり、弟子たちには、温かくやさしい師匠でした。

病気から復活して以降、どすんとお腹にくる魅惑的な乙《おつ》の声を出されるようになりました。その響きに酔いました。生きていてくれたなら、「天保水滸伝」に、もっともっともっと磨《みが》きがかかり、味が出たに違いないのに。

三代目玉川勝太郎《たまがわかつたろう》先生（一九三三〜二〇〇〇年）

師匠の、師匠です。

三代目玉川勝太郎

日本橋生まれの日本橋育ち。浪曲大好きなご両親のもとで育ち、十四歳でこの世界に入られました。二代目勝太郎先生のお嬢さんとご結婚され、「勝太郎」という大きな看板を襲名され、重厚な二代目先生の声節《こえふし》とは全然別の芸風で、粋《いき》で鋭い「天保水滸伝」をつくられました。その間にどれほどのご苦労があったか……メディアでも活躍され、勝太郎の名をひろめられ、浪曲の地位を高めるために尽力されました。

三味線教室に入ったとき、会長職で、ど真ん中に座っていらして、怖かった。先生は小柄で、舞台上では、とても明るくほがらかにされますが、下では怖かったし、「天保水滸伝」や「忠治山形屋《ちゅうじやまがたや》」をされるときの舞台にはりつめる緊張感は半端ではなかったです。ときどきギロリと睨《にら》まれるときの凄みたるや。

先生の、高音でも倍音がかかる、独特の声の響き。所作《しょさ》の美しさ。舞台が華やかで、うっとりしました。立川談志師匠とも仲良しでいらしたし、お葬式のときには、古今亭志ん朝師匠が嗚咽《おえつ》していらした。

先生が亡くなられたあと。先生のご贔屓《ひいき》様のおうちに招かれたことがありました。先生の自筆の「天保水滸伝」の外題《げだい》付けが、額装されて飾られていた。そのとき、

「『天保水滸伝』はお前のものじゃあない。あだやおろそかに扱うな！」

そう先生の声が聞こえたんです、はっきりと。背中をびしっと打たれた気がして、涙がこぼれました。お稽古をしていただけたのは、財産です。

国本武春《くにもとたけはる》師匠（一九六〇～二〇一五年）

うちの師匠と武春師匠は、私にとって希望の星でした。浪曲が「あり得る」のだと、信じさせてくれた人です。破格の才能の師匠だから、真似《まね》できるはずも、追いつけるはずもないのだけれど、でもその背中を追いかけずにはいられませんでした。

三味線をまるでバンジョーのように超絶テクニックであやつり、作詞作曲もこなし、ライブでは剛腕でお客さんをぐいっと武春ワールドへ巻き込んでしまう。その多彩さたるや。エンターテインメントとして、それは凄かった。すっかり武春師匠の手のひらの上に乗っちゃったお客さんたちの、放心の表情、恍惚《こうこつ》の様子を、袖から何度も見ていました。お客

さんをあんな顔にさせられるなんて……畏れ入ったものでした。

浪曲は、形であるのか、スピリットであるのか。

古典浪曲の形で押していくのとは別に、ロックやバラードの弾き語りであっても、スピリットが浪曲であり、それが世の中に受け入れられるなら、その方法論もアリ、と、さまざまな曲をつくり、ライブをされました。「松山鏡」「田村邸の別れ」、私は何度聴《き》いたかわからないほど聴きましたが、いつも新たに感動し、涙がこぼれました。

浪曲のスピリット。それは「人間賛歌」だとおっしゃっていました。

あんなに凄いのに、静かな人でした。お酒飲むと饒舌《じょうぜつ》だったけれど。たった一人で考えてきた時間の堆積を、武春師匠の言葉の中に、いつも感じていました。

ここ、というタイミングで言葉をかけてくれて、一番キツイときにいてくださって、びしりっと厳しいことも言ってくださって、大事な言葉も数々もらいました。

「この世界で苦労ができる幸せを思え」……二〇〇七年、師匠が死んだその年の秋に、豊子師匠までも、背骨を骨折して三味線が弾けなくなってしまい、呆然《ぼうぜん》としていた私に、武春師匠が言ってくれた言葉です。いいか。いまどき浪曲で、こんな少ない人数で切磋琢磨《せっさたくま》しようもないいんだよ。ぬるくいようと思えばいくらでもぬるくいられる環境で、苦労できることは、幸せなんだよ……どん底につらいとき、悲しいとき、それを思い出します。

二〇一〇年。武春師匠と豊子師匠と三人で、奄美大島《あまみおおしま》のお仕事に行きました。一日延泊して、武春師匠の運転で全島をめぐりました。あんなに楽しい日はなかった。一日中美しい景色を見て、夜は黒糖焼酎を二人でぐいぐい飲んで、武春師匠に「会社を辞《や》めて一本になれ」と言われた。私はぐでんぐでんに酔っぱらって、ホテルの床につんのめって寝てしまい、豊子師匠は一切介抱してくれなくてそのまんま放置されたんだったなあ。

その年の秋、武春師匠は、病《やまい》で倒れられたのです。その報を受けたとき、足元が崩れるような気持ちがした。社会復帰はもう無理と聞いて、絶望しました。なのに、武春師匠はものすごいリハビリをして、翌年五月には舞台に戻ってくださった。復帰の舞台を袖で見つめていました。でも、その病気で高熱が続いたことが、身体をもろくしてしまったのだと思います。

それから五年。病気前と変わらぬほどに快復されて、そろそろ弟子もとる、古典浪曲もっとやらないと……と言っておられた矢先、突然倒れて、意識を回復されることなく、逝ってしまわれました。

武春師匠が亡くなった報を、私は公演先の韓国で知りました。長年、武春師匠を弾かれたのは豊子師匠。告げたときのお師匠さんの顔は忘れられない。豊子師匠が、支えを失って倒れてしまわれないように必死でした。でも、武春師匠は私の支えでもあった。

「この世界で苦労ができる幸せを思え」

武春師匠はそうおっしゃったけど、こんな苦労なんか、したくなかった。

武春師匠の演題を、受け継がせてもらってます。「赤垣源蔵徳利《あかがきげんぞうとくり》の別れ」「英国密航」「松山鏡」。受け継いでいるけど、とうてい叶《かな》わない、絶対、届かない。武春師匠不在の空白は、誰も埋められません。

国友忠先生《くにともただしせんせい》（一九一九〜二〇〇五年）

国友先生との出会いも、私にとってはとても大きなことでした。「小田原の猫餅」「天王寺の猫」「左甚五郎旅日記　掛川宿」「牧野弥右衛門《まきのやえもん》の駒攻《こまぜ》め」「慶安太平記善達三島宿《けいあんたいへいきぜんたつみしましゅく》」「前原伊助《まえばらいすけ》」「河内山《こうちやま》と直侍《なおざむらい》」「長短槍試合《ちょうたんやりじあい》」「銭形平次捕物控《ぜにがたへいじとりものひかえ》　雪の精」……本当に多くのことを教わり、多くの演題をいただいております。

初代木村重友という、大正から昭和初期にかけて浪曲四天王に数えられた方の末弟子でした。「神谷町《かみやちょう》の師匠」と呼ばれた重友御大の、舞台に賭ける気迫、修行の厳しさのことを数々話してくださいました。昭和十年頃の話が、身近に感じられたものでした。その後、応召され中国大陸に派遣されました。中国語を完璧にマスターし、戦争中、中国人馬賊《ばぞく》を率いて戦闘に加わったことなどを『張荘《ちょうそう》の決闘』という自費出版の本に、小説の形でまとめておられます。

戦後、浪曲に復帰。長く放送浪曲で活躍され、文化放送で放送された連続ラジオ小説「銭形平次捕物控」は五年も続いたそうです。

あまりの忙しさに体調を崩して、引退したあとは、茨城に広大な土地を買って、競走馬の育成牧場を経営されました。

豊子師匠ご一家も、先生と一緒に引っ越され、豊子師匠はその頃、国友先生の馬の世話をしていたこともあるそうです。

昭和五十五年に浪曲界に復帰。けれどもその頃、中国残留孤児の問題が大きく取り上げられるようになり、戦争中に深く中国にかかわっていた先生は、戦争の残した傷跡の深さに気づかれ、その後十数年、中国残留邦人の帰国のために私財を投じて活動されました。

私が先生に教わったのは、先生の晩年の二年足らず。豊子師匠の一番弟子のさくらさんと一緒に、茨城まで懸命に通いました。ときどき、先生の目が軍人の目になって、怖かった。先生がなかなか教えてくれなかった話を書きましたが、豊子師匠が泣いて頼んでくれて以降、丁寧《ていねい》に教えてくださるようになりました。

「アンタに先生は一番よく教えたたね。先生は誰にもちゃんとネタを教えなかったのに、アンタには教えたんだよ」

師匠、福太郎は、太くて豊かな大声ですが、私は女で、当時は弱く細い声しか出ませんでした。師匠を真似しようと思っても、まったく真似できる気がしませんでした。

国友先生は、男性ながら繊細な上声《うわごえ》です。そして、多彩な節を使われます。

声がないのがコンプレックスだった私は、師匠の芸を学びつつも、国友先生の節の多彩さも真似ようと思いました。ふつうの関東節、ウレイの関東節、関東節の地節、阿部川町の節。アイノコ節も、ふつうのアイノコ節と、浮かれないアイノコ、三代目鼈甲斎虎丸《べっこうさいとらまる》先生調のアイノコ節。長いセメ。速いウレイ。国友先生ご自身で編み出した国友節。大阪バラシ。

「声を磨《す》り込むんだ」「鳴る声をつくれ」と教わりました。その教え、いまはよくわかる。そう、声は磨り込むんです。

啖呵《たんか》のテクニックも教わりました。先生の啖呵はうますぎて怖いほどだった。

私の節を聞いて「玉川の節じゃない」と言われるご通家《つうか》がおられます。いえ、師匠ゆずりの節も使います。でも、師匠が使っていない、三代目の先生も使っておられない節を、私は使っています。国友先生から習った節です。浪曲でさまざまなものを表現する上での、武器であり、財産です。浪曲研究家の芝清之さんの言葉。

「玉川の門弟は、桃太郎（二代目勝太郎の弟子で、三代目勝太郎先生の兄弟子。芸の上の大伯父です）だけに限らず、他の者もそうだが、師匠の読み物はなるべく避けて、自分たち独自の〝台本〟と〝節調〟をもっている」（『東西浪曲大名鑑』より）。

うちの師匠もそう言っていた、「真似て真似た上で自分の節をつくれ」。

そうあるべきだと思ってます。

木村若友師匠《きむらわかとも》（一九一一〜二〇一一年）
私が入門した当時、若友師匠は、すでに八十四歳。そのお歳《とし》でなお、とびきりの美男子でいらっしゃいました。三味線の調子が「四本」という、曲師泣かせの高い調弦を落とすことなく、張りのある声で、故郷の福島なまりも温かく、数々のすばらしい演題を演じておられました。

木村若友

父上様は旧二本松藩《にほんまつはん》の剣術指南役。若友師匠がお母さんのお腹にいるときに亡くなられましたが、そのせいか、武士の佇《たたず》まいがありました。楽屋で、若友師匠が「よかろう！」とおっしゃると、みな「はは〜っ！」と平伏したくなる。「出世《しゅっせ》の草鞋《わらじ》」の大店の主人の風格たるや。亡くなる年の二月の定席。

「仙台の鬼夫婦」で、主人公のお貞がえいっと長刀《なぎなた》を繰り出すとき、その裂帛《れっぱく》の気合と声の大きさに、客席が気おされていました。

十代半ばで、レコードで木村友衛の「天保六花撰《てんぽうろっかせん》　河内山《こうちやま》」を聞き、豪快な節に惚れこみました。その憧れの友衛先生に声を聞いてもらえる機会を得て、その場で「東京へ来い！」と言われたとか。翌年入門。二十八歳と、遅い入門でした。

いつから、特別に可愛がってくださるようになったのだったか。気がついたら、若友師匠は、後見《こうけん》を、相三味線の豊子師匠か、私か、弟弟子の玉川太福か、東家一太郎《あずまやいちたろう》さんだけにしかさせないようになっておられました。

「いい後見してもらうと、いい舞台が務められっからな」

百歳まで現役でいらっしゃいました。最後の舞台は、二〇一一年四月、吉川英治《よしかわえいじ》文化賞の授賞式での一節。なんと、奈々福が弾かせてもらったのです。

「奈々福さん、受け継いでくださいよ」といただいた台本の数々。師匠からいただいた「仙台の鬼夫婦」「曲垣と度々平」「大井川乗り切り」……宝物です。

五月一朗《さつきいちろう》先生（一九一九〜二〇一四年）

大・大・大好きな先生でした。五月先生は、すべてを兼ね備えた浪曲師だと思っています。声、節、啖呵、ケレン味、愛嬌、品格。私の中では浪曲の最高峰のお一人です。素敵な先生でした。はい、先生に直接告白しました。大好きですって。

「わしゃ、うれしい」

と言ってくださいました。

香川県大川郡志度《しど》町（現さぬき市）のご出身。十七歳で初代広沢駒蔵《ひろざわこまぞう》師匠に入門され、広沢駒月となられましたが、ほどなく師匠が他界されてしまいます。その後は自主独立、興行師に呼ばれて行ったら、自分の公演の看板に「春日井《かすがい》梅鶯《ばいおう》」と書いてある。「私は広沢駒月で、春日井梅鶯などではありません！」と言ったら、興行師が「看板をよく見い！」看板を見たら、春日「丼」梅鶯と、書いてあった。美空ヒハリや、市川右太衛といった名で活動する方々が多くいた時代のことです。

五月一朗

その後、五月一朗と改名。上京され活躍、日本浪曲協会の会長も務められました。

最近、初代駒蔵先生の音を聞きなおしてみましたが、そっくりです。師弟というものは本当に不思議、わずか一年で師匠は他界されたというのに、声はもちろん、啖呵の寸法、口調までそっくりでした。関西の軽妙なケレン味と、大劇場にも向く大きな芸とを併せ持っておられる稀有《けう》な先生でした。

大利根勝子

大利根勝子師匠《おおとねかつこ》（一九四二年～）

勝子師匠の浪花節。「本気とはこういうことか」と、背中をびしりと鞭打《むちう》たれるような、気迫の芸です。汗をかき、身をもみ、お腹の底から声を張る、感情のほとばしり、叫び、その純粋さが、胸を打ちます。そして、人が人を思う心が浪花節の魂であるとすれば、勝子師匠はその魂《たましい》を大切にお持ちでいらっしゃることを、いつも私は感じます。

岩手県ご出身。ご幼少のときに、高熱のためにお目が不自由になられました。親御さんは心配されて、イタコにするか、浪花節にするかと（そういう選択であったことに驚愕《きょうがく》！）迷われ、勝子師匠は、イタコよりは浪花節がいいなと思われたそうですが、たまたま旅巡業で岩手に来られた浪曲の大利根太郎《おおとねたろう》師匠の一座に預けられることとなり、この世界に入られました。人一倍ご苦労されたはずだと思います。

なのに、どうしてそんなに思いやり深く、澄んでおられるのか、不思議で、知りたくて、お稽古を口実に、勝子師匠にお会いする気持ちです。

水上勉《みずかみつとむ》の小説、のちに映画化された『飢餓海峡《きがかいきょう》』の題材になった洞爺丸《とうやまる》事故、その船に乗り遅れて命拾いされた強運の持ち主でもいらっしゃいます。

いつもそばには、やさしい旦那様がついておられて、お二人で木馬亭に来られます。旦那様の腕につかまって、歩く可愛らしい勝子師匠が、ひとたび舞台に立たれると気迫のカタマリになられる姿を、一人でも多くの方に見ていただきたいです。

二代目春野百合子《はるのゆりこ》先生（一九二七〜二〇一六年）

春野先生が人間国宝にならなかったのが不思議で不思議でしかたがない。浪曲という芸能が、重要無形文化財に認定されていないせいですが、春野先生がならなかったのなら、この先誰がなるというのだろう。浪曲という芸が至りついた最高の境地……が春野先生（と、相三味線の大林静子《おおばやししずこ》師匠）の浪曲であると私は思っています。過去、私が師匠の音以外に一番数多く聴き込んだのが、たぶん春野先生の浪曲です。

二代目春野百合子

お祖父《じい》様は佐賀の祭文《さいもん》語りの東三光、その娘が初代の春野百合子。初代と、二代目吉田奈良丸《よしだならまる》という大看板二人の間に生まれました。成人するまで、浪曲師になるおつもりはなかったとのことです。

戦後すぐに、お母様を亡くされ、父親の事業も失敗し、生活のためにやむを得ず浪曲の道に入られ、そこからの精進がすさまじかったとうかがっています。

師匠の会をプロデュースし始めて二年目「浪曲英雄列伝」の第一回。私はどうしても春野先生にゲストに来ていただきたくて、畏《おそ》れ多くもお手紙を差し上げました。

おみ足が悪くなられていたにもかかわらず、大阪から、遠路木馬亭に来てくださいました。舞台に立たれると、まるで少女のような表情で、頬を紅潮させながら、

「何年ぶりの東京でございましょう、何年ぶりの木馬亭でございましょう」

とおっしゃって、演じてくださった「女殺油地獄《おんなころしあぶらのじごく》」その圧倒的な凄さ。

どうしようもない「業《ごう》」に翻弄《ほんろう》される人間たちの姿がくっきりと浮かび上がり、先生の語りに、華やかな声に、超絶技巧の節に、どっぷり引きずり込まれました。

お出番前、春野先生が袖にいらっしゃるとそこだけ空気がぐっと重くなり、近寄れなくなりました。なのに、打ち上げでは少女のようでした。

いつか春野先生のような浪曲が一度でも、一席でもできたなら、私は本望です。できるわきゃないけど。

【席亭編】

根《ね》岸《ぎし》京子《きょうこ》さん（木馬亭のおかみさん　一九二八〜二〇一九年）

浪曲の、大恩人です。おかみさんが木馬亭を受け継いでくださらなかったら、浪曲はいまあり得たかどうか。

明治時代から続く、浅草でもっとも古い興行社「根岸興行部」は、浅草オペラを創設し、「常盤座《ときわざ》」「東京倶楽部《くらぶ》」「金龍館《きんりゅうかん》」など多くの劇場を持った興行会社で、おかみさんの旦那様の浜吉さんが、四代目でした。その旦那様が、浪曲の定席を開かれたのが、一九七五年。開場当時から木戸に座られたのが、おかみさんでした。浜吉さんが亡くなられた一九八五年から、根岸興行部の社長となられました。

根岸京子

私が入門した頃、木馬亭は本当にお客さんが少なかった。出演すれば、ワリがいただけましたけれど、もらっていいのだろうかと思うほど、お客さんが少なかった。赤字に違いなかったのに、浪曲の砦《とりで》を守り抜いてくださったからこそ、浪曲は続きました。

やさしくて美しくて、厳しいお席亭でした。木馬亭の規則を守らなかった芸人を、厳しく叱責《しっせき》する場面に居合わせたこともあります。でも、浪曲を志す若手たちには温かかった。そして、お客さんに温かかった。木馬亭の前を通って、おかみさんに挨拶しない人は、浅草の人じゃない。浅草の有名人でした。

浪曲研究家の芝清之さんが生きておられた頃は（芝さんも、若手浪曲師たちを育ててくれた恩人です！）芝さんのほうが、まるでお席亭みたいな顔をして木戸に座っていられたけれど、あんなときもこんなときも、清濁併《せいだくあわ》せのんで、にこにこしながら、木馬亭を経営してくださっていたのは、おかみさんです。

長年にわたって浪曲界振興発展のために貢献してこられたことが認められ、二〇一五年に第三十六回松尾芸能賞功労賞を受賞されました。

二〇二〇年、木馬亭は開場五十周年を迎えました。なのに……残念なことに、二〇一九年末、おかみさんは逝ってしまわれました。おかみさんの守ってくださった木馬亭に心から感謝して、そして、もり立てていかなければならない、これは責務です。

【コラム　浪曲Q&A】

Q&A10：浪曲の、曲師にはどうしたらなれますか？

その質問が来ることに、時代を感じる！

浪曲は曲師（三味線弾き）なしには成り立ちません。でも、なり手がいないから、日本浪曲協会は三味線教室を開き、そこから若くてなんとかなりそうなのをピックアップしてプロにしちゃおうと画策した……結果、うっかり曲師になったのが、わたくしです。

時代は流れ、いま浪曲三味線教室を開けば、受講者がたくさん来てくださいます。「プロになりたい」という希望を持っておられる方も。

曲師も、浪曲師と同様に、入門することが必要です。師匠を選ぶのは、自由。沢村豊子師匠、伊丹秀敏師匠、玉川みね子師匠といったベテランの師匠方がおられるいまがチャンスです。

修行という高いハードルが待ち受けてはいますが、曲師の弟子に課されるものは、浪曲師ほどではありません。そのかわり、弾けてなんぼ。弾けなければ話にならない。弾くためには、手が回ることも大事ですが、なにより、浪曲の呼吸を理解しなければ。耳の力も必要です。

とりあえず浪曲三味線の世界を知りたい方には、教則ＤＶＤ「浪曲三味線　沢村豊子の世界」（武春堂）、「沢村さくらの浪曲三味線　教材ＤＶＤ」（私家版　問：hanamideippai0408@gmail.com）をおすすめします。

Ｑ＆Ａ11：素人が、浪曲を習える場所はありますか？

そうですよね。興味を持ったらちょっとやってみたくなりますよね。

私が入門した頃は、いわゆるカルチャーセンターやお教室は、まったくありませんでした。浪曲については、全員が「ステージプロ」で、いわゆる「レッスンプロ」がいないんです。でも、実演家たちが、随所で教える場を持つようになりました。

（一社）日本浪曲協会の広間にて、月に三回、浪曲・浪曲三味線教室が開かれています。現在はコロナ禍で中断しておりますが、再開の折りには協会サイトにお知らせが載ると思います。

https://rokyoku.or.jp/culture/

また、協会会長・東家三楽《あずまやさんらく》が、上野広小路亭のスクールにて。

人気浪曲師の玉川太福が、新潮講座にて。

そして、わたくしも不定期ですが「ガチンコ浪曲講座」というのを、時々開催してます。

他にも、カルチャーセンターなどで、単発講座もありますので、いろいろさがしてみてください。自分でやってみると、浪曲の聴き方が変わります。より深く楽しめるようになりますよ！

Q＆A12：もしも奈々福さんにお子さんがいて、浪曲を志したいと言ったら、許しますか？

勝手にするがいいです。

かわいい我が子がいて、「浪曲師になりたい！」なんて言われたら、きっと内心は心配で、どっちかっていうと反対で、「無理に決まってるじゃん！」とか思いながら、動悸《どうき》が止まらず、おろおろするかと思います。私自身が浪曲師になるなんて、人生の予定にまったくなかったし、それで食べていけるなんて想像できなかったし、現状は奇跡だと思っています。

でも、人生なんて予測不能なものです。

それが本気であるならば、精いっぱいの努力をするならば、うまくいく、かもしれない。うまく、いかないかもしれない。

でも、失敗って、大きな財産ですからね。失敗の数なら人に負けませんけれど、失敗から本当に大きく学んだと思います。

生きることは日々実験だ、賭けだ！

歯を食いしばって、我が子に言うと思います。「勝手にするがいいさ」

……果たして、本当に言えるかな。言えるわたくしでありたい。

第五章

〜遠くちらちら灯りが揺れる——灯りは見えるか、面白くなれるか

浪曲が、聴けない

師匠の葬儀の翌日は、国立演芸場での「国本武春・神田山陽二人会」でした。

才能ある大先輩にはさまれて、司会進行役。

この舞台袖で、尊敬する武春師匠の浪曲を……途中から私は聴《き》くことができなくなって、その場を離れました。

浪曲を、聴くのが、つらい。

家でも、師匠の浪曲を、聴けない。

慌《あわ》てました。

浪曲師が、浪曲聴けなくなっちゃったら、浪曲を続けてはいられない。

それから、恐怖もありました。

父が亡くなったあと私は半年くらい、街中で父の顔を見かけては追いかけてしまったことがありました。いるはずないことがわかっているのに、全然違う人が、父に見えてしまうのです。

もしも、もしも舞台の上で浪曲を演じている最中に、客席の中に師匠の顔を見つけてしまったら、私はそこで立ち往生してしまうであろう……。

そんなことがあったら、もう、フェードアウト……かな。

でも、すでに決まっているお仕事は、ある。

最初の試練は、師匠の代役でした。

二〇〇七年六月、日本赤十字社の全国大会が山形県鶴岡《つるおか》市であり、その余興《よきょう》として、師匠が浪曲公演することになっていた。本人がいなくなってしまったので、当然中止、で終わるはずだったのですが。

日本赤十字社から電話がかかってきました。山形でのお葬式があまりに立派で、やるはずだった公演を、ただ中止にしていいのか、と社内で議論になった、と。

「奈々福さん、代役、受けて立ちますか？」

驚いて、みね子師匠に相談しました。するとお師匠さんが、

「やるわよ、絶対にやるわよ！」と涙ながらにおっしゃったので、できるわけのない師匠の代役を、務めることになったのです。

その日、鶴岡の大きなホールにぎっしりのお客さん。玉川福太郎を楽しみにしていたであろうお客さんを前に、不肖《ふしょう》の弟子が、二席……相当キツイ状況です。

ところがフタを開けてみたら、とっても柔らかい、いいお客さんだった。下手くそな浪

曲なのに、客席がどっと沸《わ》いた。

終わって、日本赤十字社の担当の方が、楽屋に飛んでみえました。

「奈々福さん、客席がどっと沸いてたんで、びっくりしたんですよ……浪曲って、笑えるものなんですね」——そう言われて、自分のことではないような気がして呆然《ぼうぜん》としました。

そしてそのとき、もう一つ自分の中で起こった変化。

浪曲をやるのもキツイ、聴くのもキツイと思っていたのに。

浪曲を演じている最中、私は物語の中に心を浸して、現実を忘れていました。そして、演じ終わってみて、いつのまにか、物語に癒《いや》されていることに気がついた。

浪曲に、なぐさめられている……驚きました。

すがる思いで……。

でも。

現実に戻ってみれば、師匠は、もういない。いなくなった大きな穴は埋められない。奈《な》落《らく》をのぞき込むような気持ちは変わらず、相変わらずつらかったし、不安定でした。

少しでも、前へ進まなければ……と考えたときに、ご縁があり、お稽古《けいこ》をしていただくようになったのが、大利根勝子師匠です。というより、私は勝子師匠にすがりました。豊子師匠という最強のお三味線がいてくださるものの、私は自分の声節《こえふし》がまったく未熟であることが辛かった。

浪曲というのは、フィジカルな芸です。まず、声がなければ話にならない。なのに私は声がなかった。細い、不安定な、浪曲とは思えない声。小さい頃から始めていれば、声を出すコツも早く覚えられたのかもしれない。でも、いい大人になってから始めた私の身体は、そうそう簡単には変わってくれていませんでした。

大利根勝子師匠は、人の心をゆるがすような迫力ある声と表現を持っておられます。そして、ご不自由な身でどんなにご苦労されてきたかしれないのに、人を包み込むようなやさしさと純粋さを持っておられます。それが、舞台に漂います。そして浪曲の核とでも言うようなもの……私に一番欠けているものが、勝子師匠の中にある、気がしていました。すがる思いで、勝子師匠に、お稽古をお願いしました。

勝子師匠は最初、とまどわれました。

「私なんかが、奈々福さんを教えてもいいのかしら」

そう言いながらもお引き受けくださり、本当に丁寧《ていねい》に教えてくださいました。定席《じょうせき》のお出番を終えて疲れておられるのに、そのあとに、お稽古の時間をつくってくださり、毎月毎月……本当にありがたかった。勝子師匠と過ごさせていただいた時間は、宝物です。

とはいえ、一朝一夕には、うまくならない。

師匠の亡くなる直前に、「浪曲乙女組《ろうきょくおとめぐみ》」という企画を、私の発案で決めていました。大阪で活動する二人の後輩、菊地《きくち》まどかさん、春野恵子《はるのけいこ》さんに声をかけて、「若手」「女子」「ユニット」を打ち出して、公演を企画していたのです。どうやら浪曲には、「おじいさんが青筋を立ててうなるもの」というイメージがあるらしい。それを一番心地よく裏切るためには、若手女子ユニットだ！　と思いつき、イメージをふくらませていました。

後輩二人は、すばらしい声節。打ち出す甲斐がある！　ネーミングも企画も最高！……と思っていたけれど、師匠にいなくなられて、ふくらませていた気持ちが、すっかりしぼんでしまった。それでも二〇〇七年秋、東京で四公演、大阪で昼夜二公演。

その年末には、国立演芸場での名披露目。師匠の兄弟子のイエス玉川師匠と、親友であった松浦四郎若《まつうらしろわか》師匠にご出演いただきました。でも……。

師匠はいない。自分には自信がない。声がない。節が回らない。

浪曲をやっていても、いまだ苦しいばかり。

そんな頃です。武春師匠が、私の心を見通すように「この世界で苦労のできる幸せを思え」という言葉をくださったのは。

幸せ……とは、とうてい思えないけれど。何が苦しいのか。

浪曲師になろうという強い意志もないままふらふら始めて、それでも浪曲の凄《すご》さに目覚めてぎゅんとアクセルを踏み始めてはいたものの、師匠がいた頃の私は、師匠のプロデュースをして、師匠を打ち出すことが、浪曲を続けていく上での希望でした。

「うちの師匠の浪花節を聴いてください！」それが、浪曲の魅力を伝えることになる。名《な》披露目《びろめ》までしておきながら、演者としてはまだまだ前座気分で、師匠に甘えていました。看板を目指す志も覚悟もない中で、師匠に居なくなられてしまったのです。公演は華《はな》やかだったけれど、つらいばかりでした。

どこまでも、行ける？

ある日の高座。

浪曲を聴くのは初めてという方々が多い、初めての場所での浪曲会。主催者の方からのリクエストで、私は「浪曲シンデレラ」をかけました。

豊子師匠の三味線が、ぴたりと私によりそい、時にからまり、時にこちらをくすぐり、走ることを促してきます。

それに誘われるようにして、アクセルを踏みました。

最後のバラシ。二人で走った走った。気持ちよく。お客さんはそこにいるし、お客さんも巻き込んでいることもわかるし、でも、そんなことはどうでもよくなるくらい、二人で気持ちよく走っている……。声は伸びる。どこまでも行ける気がしました。

終わって。

豊子師匠の耳が真っ赤っかになっていました。私のたもとをぎゅっと握って。

「アンタ！　今日は気持ちよかったよ。手がどんどん、どんどん出てきて、どこまでも行ける気がしたよ」

私もびっくりした。そうだ、浪曲は二人の芸なんだ、私が独《ひと》り相撲《ずもう》してもよくなるわけではなくて、三味線とのセッションが命なんだ。


希望の星が消えたのなら、自分自身を希望として生きるしかない。

看板になることを、目指す。そのために、何が不足か。

どうしたら、お客さんを惹《ひ》きつけ、心底楽しんでもらえる浪曲ができるのか。

まずは、声節を磨《みが》くこと。

でも、それだけでは足りない。

凄すぎる声節が山のように存在しながら、急激に衰退してきたのが浪曲なのです。

大衆芸能であるならば、いまのお客さんに楽しんでもらえるようなものにならなくてはならない。

どうしたら、面白くなれるのか。

考える。豊子師匠と二人で、試みる。

試行錯誤のかずかず

浪曲が、いまを生きる芸能であるならば、新作もあるべきです。というより、私が最初に新作浪曲をつくったのは、浪曲の初舞台から一年も経《た》たないうちでした。新作への意欲は以前からありましたが、自分自身の価値観を盛り込む、ということを意識して、新作浪曲をつくるようになりました。自分がやりたい浪曲は、何なのかを考えながら。

それを豊子師匠に弾《ひ》いてもらって、試してみる。豊子師匠という方は、ものすごく柔軟な考え方を持っておられます。新しい挑戦を、常に面白がってくれる！

「アンタ、これ、オモシロイねえ！」

……面白がってもらえる幸せ。一緒に新作をつくっていく過程は毎回わくわくします。

長編浪曲にも挑戦する。

師匠が亡くなる前に、すでに一つ、長編浪曲の新作をつくっていました。小沢信男《おざわのぶお》先生の評伝『悲願千人斬《せんにんぎり》の女』の浪曲化。全四席。二時間。一つの物語を、お客さんを飽きさせず、語りきる集中力、体力。これに挑戦していましたが、もう一つ、やってみようかという思いが持ち上がりました。

国友忠先生が演じておられた「銭形平次」。原作者の野村胡堂《のむらこどう》先生の許可を得て、つくられた台本がたくさんありました。その中での白眉《はくび》が「銭形平次捕物控　雪の精」。これも前後編二時間の大作です。残された音源を聴くと、先生の完成度の高さにただただ溜息《ためいき》が出てしまう、傑作です。とうてい手を出すことはできないと思っていたのですが……これに挑戦してみようかと思いつきました。豊子師匠に話してみたら。

「アンタ……そうだね、やろう！　やろう！」

目に涙を浮かべて賛成してくれました。国友先生との思い出がいっぱいつまった演題。もう一度できる、ということが、豊子師匠にとっても嬉《うれ》しかったのでしょう。二〇一〇年年末の、満月の晩。力の限りを尽くして、一挙口演の会を催しました。

そして、他の芸能とコラボレーションしてみる。浪曲の特長を知るために。

二〇〇八年には、オペラ「椿姫《つばきひめ》」の語り部として上野浅草フィルハーモニー管弦楽団と共演。

二〇〇九年。写真家・森山大道《もりやまだいどう》を特集したNHKドキュメンタリー番組で、寺山修司《てらやましゅうじ》原作を浪曲化した「新宿お七《しち》」を口演。

高畑勲《たかはたいさお》監督作品「平成狸合戦《へいせいたぬきがっせん》ぽんぽこ」を浪曲化。

二〇一〇年、文楽の竹本千歳太夫《たけもとちとせだゆう》さんと鶴澤清二郎《つるざわせいじろう》（現・藤蔵《とうぞう》）さんを木馬亭にお招きし、「義太夫節と浪花節を聴く会」を開催。

その後も、オペラを浪曲化したり、韓国の伝統語り芸パンソリとの共同公演をプロデュースしたり、お能と女流義太夫とのコラボ公演をプロデュースしたり。

他の芸能と一緒にやるごとに、浪曲がわかってきます。これはものすごく面白かった。そして自分が浪曲を続けていくことに、確信を得ていきました。

二〇一四年からは、能楽師ワキ方安田登《やすだのぼる》先生主催のプロジェクトによる、世界最古の神話「イナンナの冥界下り《めいかいくだり》」公演に参加、国内外で公演を続けています。安田登先生とは、いまに至るまで、夏目漱石《なつめそうせき》や小泉八雲《こいずみやくも》の作品の舞台化など、さまざまな公演をご一緒させていただき、多くのことを学ばせていただいています。

実に。とびきりのご縁に恵まれました。必死で考えて、面白いと思うことを数々実行に移してきたという自負もありますが、犬も歩けばご縁に恵まれる！　私がもっとも恵まれていたのは、すばらしい才能の方々に出会えたことでした。

死んじゃうかもしれない。


おかげさまでお仕事にも恵まれました。

とはいえ、浪曲だけで食べていける状態には至っていなかった。出版社の仕事も続けていました。

亡き師匠から「会社は辞《や》めるな」と言われていました。

「会社で稼いでいる給料と同じくらいの金額を、浪曲で稼げるようになって三年経つまで、会社を辞めるな」

なんと具体的な指示。師匠が入門したのは昭和四十三年、浪曲がすっかり斜陽になった時代。「食えないぞ！」と、最初に三代目勝太郎先生に言われたそうです。それでも入門して、苦労してきた師匠は、会社を辞めたら逆に浪曲も続けていけなくなるのではないかと心配していたのです。

それを遺言のように思っていたけれど。

昼間は編集、夜と土日は浪曲。寝る暇がなかった。昼間頭を使っていると、夜、浪曲の舞台があっても、重心がなかなか下に下りてくれません。体とココロが引き裂かれるようだった。

そんな状態に、周囲がはらはらしているのはわかっていました。

ある日、母が私に言いました。

「会社を、辞めてください」

仰天《ぎょうてん》。三味線弾くことにさえ大反対していた母が。

「このままでは死んでしまいます。どうせ浪曲は辞めないのでしょう？　だったら、会社を辞めて。なんとかなるわよ」

明日は、大きな舞台があるという日の前夜のこと。全身に蕁麻疹《じんましん》ができました。蕁麻疹はひかず、舞台の直前には、顔以外の全身に広がりました。舞台が終わったとたんに、顔にも広がった。救急病院に駆け込みました。

「たしかに、これは死んじゃうかもな」と、初めて思った。

もしいま死んだとしたら、一番悔《く》いるのは浪曲のことかもしれない。浪曲だけにすべての力を注いだら、どこまで行けたのだろうと、思うかもしれない。

食べていけるアテもなかったけれど、会社を、辞めることにしました。

「語り芸パースペクティブ」

さあ、アクセルを踏むぞ！……と思ったところで。

不思議に思うことがあった。

数々コラボ公演をする中で感じたこと。

日本ってどうしてこんなに伝統芸能が多いんだろう。

ことに語り芸が多いのだろう、ということ。

「語り芸」は、お客さんの想像力に頼る芸。お客さんに負荷がかかる。なのに、こんなにたくさん、多様にあるのは、なぜだろう。

それぞれの語り芸の特性を知りたいという私自身の好奇心をもとに、いま聴き得る語り芸の第一人者・研究者をお招きし、実演を聴きつつ、その芸がどのような土壌から生まれ、どのような道を歩んできたのかをうかがおう！　長い思考期間を経て実現したのが、二〇一七年四月から翌年二月にかけて全十一回で開催した「玉川奈々福がたずねる語り芸パースペクティブ」です。

「日本芸能総論」「節談説教」「説経祭文＋ごぜ唄」「義太夫節」「講談」「女流義太夫」「能

玉川奈々福がたずねる

語り芸

パースペクティブ

この国の
物語曼荼羅
全11回

伝統芸能の、ふしぎなほどに多い国。なかでもとりわけ、「語り芸」の多い国。視覚優位の現代で、聴く力、想像する力を要する芸が、日本ではかほど多様に受け継がれ、現代に生きています。

今聞きうる語り芸の、第一人者をお招きし、実演を聞きつつ、それぞれの芸がどのような土壌から生まれ、どんな特色を持ち、担ったのは、享受したのはどういう人々であるのかを伺い、多様な語り芸それぞれの特質を、浮かび上がらせようと思います。通して聞くことで、「語り」が担ってきたものを見渡し、未来を考え、この国の芸能の土壌の豊かさを実感していただきたいと思います。ぜひ通年でご参加ください。

ご案内役・玉川奈々福

パスポート割引
あります！

第一期

日本芸能総論、節談説教、説経祭文、ごぜ唄

4月17日㊊ 日本芸能総論…篠田正浩（映画監督）

5月26日㊎ 節談説教…廣陵兼純（説教師・満覚寺住職）
釈徹宗（相愛大学教授）

6月14日㊌ 説経祭文+ごぜ唄…渡部八太夫（説経祭文）
萱森直子（ごぜ唄）

第二期

義太夫節、講談、女流義太夫、能

8月15日㊋ 義太夫節…豊竹呂勢太夫（人形浄瑠璃文楽太夫）
鶴澤藤蔵（三味線）

8月25日㊎ 講談…神田愛山（講談師・東京）
旭堂南海（講談師・上方）

9月26日㊋ 女流義太夫…竹本駒之助（義太夫・人間国宝）
鶴澤寛也（三味線）

10月30日㊊ 能楽…安田登（下掛宝生流ワキ方）
槻宅聡（森田流笛方）

第三期

上方落語　江戸落語、浪曲、そして語りの芸の来し方、これから

11月15日㊌ 上方落語…桂九雀（上方落語）・小佐田定雄（落語作家）

12月18日㊊ 浪曲…澤孝子（浪曲師　曲師：佐藤貴美江）・稲田和浩（浪曲作家）

1月29日㊊（2018年） 江戸落語は「語り芸」か？…三遊亭萬橘（落語家）・和田尚久（演芸研究家）

2月19日㊊（2018年） 語りの芸の来し方、これから…安田登（能楽師）・いとうせいこう（作家）

場所：カメリアプラザ和室（江東区亀戸 カメリアプラザ6F／定員60名）
第二回のみ、カメリアホール（江東区亀戸 カメリアプラザ3F／定員400名）
開演時間：各回とも19：00開演（18:30開場）
料金：通年パスポート30,000円（11回分）／各回参加3,000円（第二回以外は自由席）

2月15日より、通年申し込み開始。
3月1日より、第一期個別回予約開始
（通年で満員になった場合は、お断りする場合もございます）
6月1日より、第二期個別回予約開始
9月1日より、第三期個別回予約開始

予約問合せ　ななふく本舗　tamamiho55@yahoo.co.jp　090-7001-6867

楽」「上方落語」「浪曲」「江戸落語は『語り芸』か？」「語りの芸の来し方、これから」という十一のテーマで、篠田正浩《しのだまさひろ》（映画監督）、廣陵兼純《ひろおかけんじゅん》（節談《ふしだん》説教・満覚寺住職）、釈徹宗《しゃくてつしゅう》（相愛大学教授・如来寺住職）、渡部八太夫《わたなべはちたゆう》（説経祭文）、萱森直子《かやもりなおこ》（ごぜ唄）、豊竹呂勢太夫《とよたけろせたゆう》（人形浄瑠璃文楽太夫）、鶴澤藤蔵《つるざわとうぞう》（義太夫三味線）、児玉竜一《こだまりゅういち》（早稲田大学教授）、神田愛山《かんだあいざん》（講談師・東京）、旭堂南海《きょくどうなんかい》（講談師・上方）、竹本駒之助《たけもとこまのすけ》（浄瑠璃・人間国宝）、鶴澤寛也《つるざわかんや》（義太夫三味線）、安田登《やすだのぼる》（能楽師・下掛宝生流ワキ方）、槻宅聡《つきたくさとし》（能楽師・森田流笛方）、桂九雀《かつらくじゃく》（上方落語）、小佐田定雄《おさださだお》（落語作家）、澤孝子《さわたかこ》（浪曲師　曲師：佐藤貴美江《さとうきみえ》）、稲田和浩《いなだかずひろ》（浪曲作家）、三遊亭萬橘《さんゆうていまんきつ》（落語家）、和田尚久《わだなおひさ》（演芸研究家）、いとうせいこう（作家）という方々に来ていただきました。

過去に数々やってきたプロデュース公演の中で、一番規模が大きく、一番勇気のいる公演でした。こんなすごい先生方をお呼びして、こんなことを私がしちゃっていいんだろうか？　贅沢《ぜいたく》のきわみの企画。よく実現できたものです。

この企画を通してさまざまな芸能を、わずかながらも知ることで、私は、浪曲の輪郭が少しわかるようになった気がします。

いや……わかるようになったのか？

浪曲は超絶オモシロイ

実は昨年、こんなことがありました。

年の瀬のある日。現在は引退している浪曲師の記録映像を、ミニシアターで上映してお客さんと一緒に見る会、というのを開催しました。映像作家の伊勢哲《いせてつ》さんが撮りためていたものです。その日の映像は葵わか葉師匠の一席。それを見て、すごく感動しました。

わか葉師匠の舞台は、現役でいらしたときに、生で拝見しています。袖で勉強させていただいております。なのに、改めて浴びたら感動して、そのあとに不思議な気持ちが生まれました。

葵わか葉

「私がやってきたことって、もしかして間違っていたのかな……」

わか葉師匠のその浪曲は、現代の価値観には必ずしもフィットしない、ちょっと道徳的な、ある意味説教くさい――浪花節とは、実に、「人間こうあるべき」的な、説教くさいところのある芸能です――

名人伝の一席でした。そういう話を、わか葉師匠は映像の中で、渾身《こんしん》で演じておられました。悪いヤツはものすごく悪そうに、偏屈《へんくつ》な男は思いっきり偏屈に、それを待つ妻はあくまでも貞淑《ていしゅく》に美しく、難しい言葉のまんま、解説のひとつも入れず、身体能力の限りを尽くして押しまくる。

そのときに。

その通俗的な名人譚《たん》が、とてつもない技能を持った浪曲師の渾身の力によって、破壊的に面白いものになっていくのに、私はひっくり返って驚きました。

私は、やっぱり浪曲は難しいところがあるから、わかりやすく楽しく笑いも多くしていこう、敷居を低くしていこうってやってきたけれど、昔の価値観をフリーズドライしたまま、すごい声を節《ふし》に乗せて提出するようなあの浪曲を、そのまんまキープしておくという道も、本当は大事だったんじゃないか。つまらないものを、ものすごく鍛えられた身体性で「でーん！」ってお客さんにぶつけていく、そのわけのわからない、お客さんを異次元へもっていくド迫力みたいな世界が、本来の浪曲なのではないか。

私は解凍して柔らかく、お客さんに向けてやさしくしてきて、それでいま、お客さんが増えているとすれば間違ってはいないけれども、本来の浪曲は、私が入門した頃にたくさんいらした大先達《だいせんだつ》たちの、あの芸は……もはや消えつつあるその芸に久しぶりにぶつかって、号泣《ごうきゅう》してしまいました。

師匠に憧《あこが》れる。大先達たちの芸に憧れる。でも、それは、私の身体性じゃ実現不可能。大人になってから浪曲を始めたようなやつには無理。一生かかっても、わか葉師匠のような身体にはなれない。

それはある意味絶望だけれど、でも、あらためて浪曲という芸の凄さを発見したことでもありました。

浪曲は、超絶オモシロイ。

浪曲は一人の芸ではないこと。三味線とのセッションであること。

浪曲はもともと大道芸であること。だからものすごい身体能力がある。

浪曲は社会の下層から生まれてきた芸であること。弱者への目線、共感がある。

浪曲は伝統芸能ではあるけれど、伝承することを第一義とせず、「自分の節をつくる」ことが最終目標とされること。そう。浪曲は最終的に自由な芸だ。

そんな浪曲が、面白くなれないはずはない。

でも、どうしたらもっと面白くなれるか。その試行錯誤はいまも続いています。

浪曲は、私が入門した頃からいまに至るまでずっと絶滅危惧状況にあります。でも、途方もない可能性のある芸なんです。

……なんてことをいつのまに私は確信を持って言うようになったのか。

二〇〇四年に「玉川福太郎の徹底天保水滸伝」を企画して以来、浪曲の魅力を模索するなかで、私は浪曲を発見してきたのだなあと思います。

私自身が面白いと思う浪曲を、体力気力技術ともに充分に演じられて、それをお客さんにも「オモシロイ!」と思ってもらえる公演ができたら、それは最高に嬉しい。

そして、私、いつのまにか、けっこう大きな声がお腹の底から出るようになっていました。舞台で、「声の駆け引き」をするようになっていました。いまだ、道なかばではありますが。

生まれて初めてもらった「賞」

二〇一八年。

突然文化庁からご連絡をいただき、文化交流使にご指名いただきました。

約一か月半、イタリア、スロベニア、オーストリア、ハンガリー、ポーランド、キルギス、ウズベキスタンの七か国をまわって浪曲を公演しました。その前後に、別の筋からのご依頼で、中国、韓国でも公演をしました。

日本でもお客さんが少ない浪花節、海外でやってる場合か！　海外で受けるのか？と、自分にツッコミまくりながら、迷いながらお引き受けをしてきましたが、これがびっくり。どの国でも、浪花節、受けた！

浪曲の、演じるスタイルも、それを通して伝えようと思う価値観も、国による文化の壁をやすやすと超える実感を得ました。ここしばらくは新型コロナウイルス感染症拡大の影響で渡航は難しいでしょうが、機会があれば、さまざまな国の人に浪曲を聴いてほしいと思っています。

そうして積み重ねてきたことを、見ていてくださる方がいたんですね。二〇一九年。ＩＴＭ伊丹記念財団より第十一回伊丹十三賞《いたみじゅうぞうしょう》などという凄い賞をいただきました。受賞理由は「現代の観客のこころを動かす語りの芸と、浪曲にあらたな息を吹き込む卓越したプロデュース力」ということです。プロデュースを評価していただいたことが、素直に嬉しいです。

継承する器たち

ここ数年、浪曲師や曲師の弟子入りが増えました。弟弟子玉川太福さんの活躍の成果もあると思います。彼は、師匠が亡くなる二か月ちょっと前に入門し、師匠亡きあとは、おかみさんであるみね子師匠の三味線に支えられ、また大利根勝子師匠、武春師匠をはじめとして多くの先輩にお世話になりながら、そして師匠を失った自身に「前座修行の形」を課しながら、修行してきました。

彼について、忘れがたいエピソードがあります。

二〇〇七年。師匠福太郎が亡くなった年の秋。自分を信じることもできず、まったく心浮き立たぬままに迎えた「浪曲乙女組」の初回公演。木馬亭の客席に、なんと、立川談志家元がお見えになったのです。この方の舞台をどんなに追いかけたことか。国立演芸場の「談志ひとり会」にどれほど通ったろう。その方が……誰より芸に詳しく厳しいその方が、客席で、「オレのアンテナに引っかかってきたんだよ！」と大きな声で話しておられるのが、楽屋にも聞こえて、私は緊張で吐きそうになりました。あとにも先にも、出番の前にあんなにつらかったことはない。

ところが、浪曲が始まってからも、家元は場内の後方に立って、ご本人は小声のつもりでいらしたのでしょうが、感想を話されるのです。後ろから立川談志の特徴のある声が聞こえてくるのですから、客席はざわつきました。舞台に立っていたのは、菊地まどかちゃんだった。彼女も動揺していたはずです。そのとき。

その年の春に入門したばかりの太福青年は、つかつかと家元のそばに行き、「すみません。口演中はお話しにならないでください」と、ご注意申し上げたのです。もちろん彼は、相手が立川談志であることを知っていたはずです。それゆえ、まわりの誰も声をかけられなかったその人に、堂々と彼は注意した（「姉さん！　堂々とではありません、おずおずと、平身低頭しながらですっ！」と本人申告アリ）。

家元は同行の方々ともども、帰って行かれました。

私の中で、太福さんは「家元を黙らせた男」です。

家元を黙らせた太い男は、いま立派に成長して、人気者になりました。玉川みね子師匠の糸に支えられながら、古典にとどまらず、一見なにげない日常風景を浪曲に仕立てた「地べたの二人」シリーズなど、新機軸を打ち出し、二〇一七年「第七二回文化庁芸術祭・大衆芸能部門新人賞」を受賞しました。

彼が打ち出した新機軸は、私には思いもよらなかったもの。「それまでになかったもの」が出てきて、いまを生きる人々の心を震わせている。すばらしい。

太福さんが受賞した翌年、東家一太郎さん（曲師・東家美《あずまやみつ》さん）と真山隼人《まやまはやと》さん（曲師・沢村さくらさん）が「文化庁芸術祭・大衆芸能部門新人賞」を受賞しました。東西で、芸術祭の賞、とったんです！

「演歌浪曲」というオーケストラ音源で浪曲をしていた真山隼人さんが、三味線で浪曲をやるようになり、ここまでに育てたのは豊子師匠の一番弟子・沢村さくらさんの功績、と言っていいと思います。国友先生のところで一緒に修行した仲間ですが、彼女の精進は凄い。関東節にも関西節にも通じた、スゴ腕曲師になっています。

豊子師匠は、ここのところ立て続けにお弟子さんをとりました。二番弟子の沢村美舟《さわむらみふね》、三番弟子沢村まみ、四番弟子沢村道世《みちよ》。五番弟子沢村りお。

みね子師匠にもお弟子さんが入りました。玉川鈴《りん》。

浪曲は一人の芸ではありません。支える曲師がいないことには、浪曲師もやっていけない。曲師の卵が生まれることは、浪曲の希望です。頑張ってほしい！

そして私も、弟子をとる気はいままでまったくなかったのですが、二〇一九年、一人弟子をとりました。玉川奈《な》みほと名づけました。まさか、弟子をとることになるとは！

うちの師匠がよく、「自分はつないでいく役目だ。俺も先生に育ててもらったんだから俺も弟子をとる」って言っていましたが、自分に弟子ができてみると、芸は自分のものではない、ということが、よくわかります。

一つ一つの作法を、芸を、弟子に教えるたびに、それを誰から教わったか、はっきりと覚えていることに気づきました。

着物のたたみ方。柝頭《きがしら》の打ち方。お客さんへのご挨拶。師匠への報告の仕方……いつ、誰に教わったか、どんなときに教わったか、全部覚えている。それを、弟子に教えている。芸も作法も、それは自分のものではない。これもあれも教わった末にひととき私に宿った技術であり、芸である。私は継承する器《うつわ》。師匠や先輩方から教わり、私という器に載せるけれども、これをまた次の器にうつしとらせてつなげていく。弟子をとってみて、そういうことだったんだと、初めて自覚できました。

そしてこの十年で、浪曲をやらせてもらえる場が格段に増えました。サンキュー・タツオさんキュレーションの「渋谷らくご」に浪曲も入れてもらったことは大きかった。「神《かん》田連雀亭《だれんじゃくてい》」は、落語講談浪曲の若手がしのぎを削れる貴重な場。小さな公演のできる「らくごカフェ」「道楽亭《どうらくてい》」などの演芸スペースも増えました。

浪曲にいま、新しい風が吹きつつあります。それがもっと気持ちよく吹いてくれるように。浪曲を志して入ってきた若手が、のびのびと育ってくれるように、力を尽くしていきたいと思っております。

付録　〽バカは死ななきゃなおらない——野露に濡れながら育ってきた浪曲の歴史

四大叙事曲の一つ

浪曲ってどんな成り立ちなのか、どんな歴史があるのか。この本を手にとってくださった方なら興味をお持ちではないかと思います。日本では一番後発の語り芸で「浪花節《なにわぶし》」と呼ばれ、語り芸の一つのジャンルになったのは明治初期のこと。百五十年くらいしか歴史がない、伝統芸能の中では、若い芸です。

ただそのときにいきなり出てきたわけじゃなく、古くは古墳《こふん》時代までさかのぼる、原初の根っこがあり、そしてジャンルとして生まれたあとも、さまざまな芸能の影響を受けて変容してきた経緯がある、ように思います。

私は研究者ではありませんから、先人の書かれたものを読んだにすぎません。そのうえで、演者としての感覚から、なんとなく自分なりの「浪曲史に対する見方」をつくってきました。勝手な想像を交えたものですけれど、お許しください。

浪曲の源《みなもと》にさかのぼると、浪曲の通史的な本としては最初のものである正岡容著『日本浪曲史』には、大きな源は古墳時代に渡来した中国の京調《きょうちん》、朝鮮の打鈴《だいしん》だと書かれています。

京調については、わからないのですが、打鈴については、いまでも韓国に「身世打鈴《シンセタリョン》」という、かなり浪曲的な、身の上語りの芸があるようです。

常々思うのは、日本って伝統芸能の数が、ほんとに多いなあということです。中でも、渡来系の人たちがもたらしたものに端を発した伝統芸能がたくさんある。そして伝統芸能の多くのものが現在に続いています。能、狂言、歌舞伎、文楽、落語に講談、浪曲も……見たい聴きたいと思ったら、現在もライブで見る・聴くことができる。

伝統芸能の中でもとりわけ多いのが語り芸です。物語を聞いて、頭の中でその世界を思い描き、浸る……これ、相当お客さんのお力に頼るものです。視覚優位の現代にあって、楽しむためには聴く力、想像する力を要する、そういう語り芸が多様に受け継がれ、いまに生きているのは、とても不思議です。なぜ落語、講談、浪曲が一つにまとまらず、いまも別々に成立しているのか。

語り芸（口承文芸）は、私が知る限り世界的に、東アジア全般にとても多いように思います。アイヌのユーカラ、韓国のパンソリ、チベットのケサル大王物語、キルギスのマナス、そして中国には、講談そっくりの「評話《ひょうわ》」や、浪曲的な「弾詞《だんし》」をはじめとして、それこそ、何百という語り芸が現在に受け継がれているそうです。

日本の語り芸、というと、もちろん、講談や落語も語り芸に入るとは思いますが、平家琵琶、能楽、義太夫節、浪花節という「節《ふし》（音楽）付きの語り芸」は特に、四大叙事曲といわれるそうです。

平家琵琶には、琵琶が。能楽には、能管《のうかん》（横笛の一種）、大鼓《おおつづみ》、小鼓《こつづみ》、太鼓。義太夫節には三味線が。浪花節にも、三味線が入ります。物語を、うたいあげるものたち。

やっぱり、「フシ」があると、いいですよねえ。

鎌倉時代に形が整った平家琵琶《へいけびわ》に始まって、室町時代にはお能・狂言、江戸時代には義《ぎ》太夫節《だゆうぶし》をはじめとする多くの浄瑠璃《じょうるり》が、そして明治に入り浪花節が……いまに続いているものだけ挙げましたが、それ以外にも生まれては消えていった多くの「節付き」語り芸があったそうです。

「説教」が語り芸の源か

なんでフシがつくのかなあ……と思ったとき、その根っこの一つは仏教、それも鎌倉時代初期の仏教じゃないかなあと思っています。特に、法然聖人《ほうねんしょうにん》や親鸞《しんらん》聖人が民衆に伝えたお念仏です。

平安時代までの仏教は、貴顕《きけん》の人たちの宗教でした。国家統合や国家鎮護などの使命と祈りを込めたもの。ところが、末法《まっぽう》思想が流行《はや》り、また貴族から武士の世へと社会が動いた平安末期から、仏教でも大きな変化がありました。仏教が貴族というパトロンを失い、民衆のほうを向くようになった。

法然が「南無阿弥陀仏《なむあみだぶつ》」とひたすらに唱《とな》えれば救われるという念仏の教えの浄土宗《じょうどしゅう》を広めて支持を得ていました。法然の弟子である親鸞は、たった一度でも仏を信じて念仏を唱えればよいと考え、のちに浄土真宗《しんしゅう》と呼ばれる教えを開きました。民衆は目に一丁字《いっていじ》もないという時代ですから、声技で念仏を聞かせ、民衆の共感を得て信者を増やしていくようになっていったのです。

同じ頃、声明《しょうみょう》の修練道場があちこちにできます。声明はお経に節がついたもので、僧侶たちが儀式のときに唱えるコーラスのようなものといったらわかりやすいでしょうか。インドで生まれ、中国や朝鮮半島を経由して日本に伝わりました。

鎌倉時代の僧侶で声明が天才的にうまかったのは、天台宗《てんだいしゅう》僧侶の澄憲《ちょうけん》と聖覚《せいかく》の親子です。二人は経典や教義をわかりやすい話に構成し直し、抑揚をつけて語る説教唱導の代表格といわれています。親子ともども、人々が酔いしれるような、すばらしい声だったとか。

とりわけ聖覚は天台宗の僧侶でありながら、浄土宗を開宗した法然の弟子になって念仏の教えを広げています。しかも、父親の代から引き継いだ安居院流唱導《あぐいりゅうしょうどう》という説法技術に、物語のような楽しさを加え、話す言葉に節を入れ、身振り手振りもプラスして、聴く人の情念に訴えかけるものにしたのです。

……それって、まんま、浪曲ではないですか。

こうして鎌倉時代に、仏教は布教の対象が民衆になり、経典や教義を説く説教も堅苦しいものから、わかりやすく娯楽性を帯びたものへ変わっていったそうです。

当時、仏教の各宗派が説教に熱を入れましたが、民衆へ伝えることにおいてもっとも熱心だったのが親鸞の浄土真宗。浄土真宗のお説教は、なんとも言えない節のついた語り口なので、ここ数十年「節談説教《ふしだんせっきょう》」と呼ばれるようになりましたが、仏教における「説教」が、現在に続く日本の語り芸の源ではないかと思っています。

説教師は高座に上がり、絶妙な節回しで語る。内容も堅苦しいものではなく、例《たと》え話を多用して、時には笑いと涙の人情話を交えたりしたそうです。説教師が座る台のことを「高座《こうざ》」と言います。落語の高座、もここから来ている。おお。落語もここから発展していったらしい。

こうした中で、寺社を出て、諸国を回って道々で説教をする聖《ひじり》や尼僧が出てきます。寺院の建立《こんりゅう》や修繕のためという名目で寄付を募る勧進聖《かんじんひじり》、全国を遍歴して祈禱《きとう》や宣託《せんたく》をして生計を立てる神道系の歩き巫女《みこ》など、いろいろな宗教者が大道を歩くようになってくる。

彼らは社会的には下層の人間。語りかける相手も貧乏にあえぐ民衆だとすれば、底辺で生きる人々の物語を説いて心に寄り添っていくのが自然の流れというもの。それが説経節の「苅萱《かるかや》」や「山椒大夫《さんしょうだゆう》」「小栗判官《おぐりはんがん》」「しんとく丸」のような物語になったのだろうと想像します。

「壺坂霊験記《つぼさかれいげんき》」が成立したのは明治になってからですが、その元となった盲人開眼伝説や「箱根霊験記」のような、霊験あらたかな物語もそう。死んだはず、あるいは重い病《やまい》を患《わずら》った人が神仏のご利益によって蘇生したり病が治癒《ちゆ》して幸せな姿を取り戻す霊験譚《たん》によって、神仏を身近に感じてもらいたいという意図があったのでしょう。

道々から、たくさんの物語が生まれた。それが、いまに伝わって演じられている。想像すると、私はわくわくします。

講談は、もともとはお武家の間から生まれたものだそうです。落語は江戸時代に庶民の間から生まれた笑い話。三大話芸と言われるもののうち、唯一浪曲は屋根のあるところから生まれていない。道々を歩く人々の間でつくり出され、育てられていったのです。大道に立ち、通り過ぎる人の足を止まらせて語り聞かせるものだから強い声が必要になる。雨風に打たれながら、それでも声を出していく。社会の低いところから、野露に濡れながら育ってきた芸であることを、私は誇らしく思っています。

浪花節への熱狂と冷遇

明治になると、政府は遊芸人賦金《ふきん》制度というものを設けるようになる。つまり、芸人営業税を納めた人は芸人鑑札が与えられて活動が許され、ない人は芸能活動ができなくなってしまったんです。それは困る、食べていかれなくなるということで大道芸人たちが結束するんですね。

先ほどの説経節や説経祭文、ちょぼくれ、ちょんがれ、阿呆陀羅経《あほだらきょう》といったような、いろいろなジャンルの、節付きで物語を語る人たちが大同団結して東京で「浪花節」の鑑札を得た、と言われています。

ちょぼくれ、ちょんがれ……願人坊主《がんにんぼうず》と呼ばれた大道芸人たちが演じた門付《かどづ》けの芸で、早口で面白おかしい文句を弁じるものだったようです。阿呆陀羅経も、昔の音が残っていますが、演じる人によって全然違います。

「浪花節」が鑑札を得られた経緯については、先述の正岡容の本によれば、東京府知事の贔屓《ひいき》を得た、芝新網町《しばしんあみちょう》在住のちょぼくれの国松という人が、ちゃんと人数を集めて組合をつくり、鑑札を得るようにと府知事に言われた。国松、芝新網に帰って相談したが、ちょぼくれだけでは組合の最低人数が集まらない。そこで、かっぽれにも声をかけて……笑っちゃいけねえや。とにかく二十五人、頭数をそろえた。

「おお、国松。集まったか」

「へえ、集めました」

「では、おまえたちの芸を、なんと名づけるか」

「へ？」

「ちょぼくれだのちょんがれだのでは仕方あるまい。ちゃんと○○節と名乗りなさい」

「はあ……」

「上方ではお前たちとほぼ同じような連中が、浮かれ節と名乗っているそうじゃないか」

「へえ」

「上方では浮かれ節。浪花節とでも名乗ればいいものを、浮かれ節か……では浪花が空いてるんだから、浪花節としなさい」

「へえ、わかりました！」

というやり取りがあったんだかなかったんだか。

文化文政時代に関西で活躍した浮かれ節の浪花伊助《なにわいすけ》という人がいて、その弟子たちが江戸・東京で活躍していたので、そこから浪花節と名づけたという説がありますが、ほかにも諸説あります。

江戸の浄瑠璃の、浪花節は発展形であるのか、と問われることも時々ありますが、私は違うと思っています。関西の浪曲は、義太夫節の影響を受けていると思いますが、基本的に江戸浄瑠璃と浪花節は、つながっていないと思っています。江戸の浄瑠璃は、江戸の庶民の価値観、センスをたっぷりと含み込んだものですが、浪花節は、江戸の「粋《いき》」や「洒脱《しゃだつ》」とは無縁のものです。

浪花節は、いわゆる庶民の範疇《はんちゅう》からはずれた外側の身分の人たちの芸だから、明治十年代になっても差別をされてなかなか寄席に上げてもらえませんでした。盛り場に設けた「ヒラキ」という葦簀《よしず》張りの小屋掛けでやっていた時代が長く続きました。

小さな机を置いて座り、横には三味線弾きがいるという、義太夫節のような形でやっていたそうです。天候に左右されるヒラキではなく寄席に出ることに尽力したのが青木勝之助《あおきかつのすけ》、私たち玉川派の開祖です。最初はヒラキで評判をとり、貯めた私財を投げ打って、浪花節語りが寄席に上がれるように尽力したと聞いています。

関東節の祖である浪花亭駒吉《なにわていこまきち》も浪花節の地位向上に貢献しました。明治二十年代には浪花節語りも寄席に出られるようにはなってきたのですが、落語からも講談からも下に見られる状態は続いていました。

江戸の文化に造詣《ぞうけい》が深い文化人たちから浪曲は、それはもう徹底的に疎《うと》まれています。夏目漱石に永井荷風《ながいかふう》、泉鏡花《いずみきょうか》も浪花節が大嫌い。久保田万太郎《くぼたまんたろう》にも嫌われた。彼ら文豪たちの作品では、野卑《やひ》な人物を例えるときに浪花節語りが出てくるんです。

そりゃね、大道芸から上がってきたから、台本は整えられていないし、声の出し方もアクロバティックだし、扇情的《せんじょうてき》なところもあったのだと思います。また、「新聞《しんもん》読み」といって、実際に起こった事件を浪花節にする人もいたので、危なっかしい表現もされていたんでしょう。現在から見れば驚くようなことですが、五寸釘《ごすんくぎ》の虎吉《とらきち》といった人は、自分自身の殺人未遂や脱獄の懺悔録《ざんげろく》を、娑婆《しゃば》に出たあと寄席で語って人気だったそうです。

そういう浪花節に熱狂したのは、東京においては、地方から流れ込んだ労働者たち、地方では漁師さんや農業従事者、炭鉱労働者の人たちでした。

浪花節の人気を一気に高めたのが、日露戦争の頃に登場した桃中軒雲右衛門《とうちゅうけんくもえもん》。浪曲の中《ちゅう》興《こう》の祖《そ》です。

この人から、浪曲の舞台は変わりました。

桃中軒雲右衛門

雲右衛門は、長い髪をオールバックで後ろに流し、紋付羽織袴《もんつきはおりはかま》といういでたちで舞台に立ちました。

舞台は美しい屏風《びょうぶ》で飾り、三味線はその屏風の陰で弾きました。中央に置かれた演台を豪華なテーブル掛けで覆い、それを前に立って演じるようになりました。この舞台様式が、現代の浪曲のスタイルにつながっています。

雲右衛門は、群馬県で、旅回りの祭文語りを父として生まれたそうです。上京後、父の名を継いだ吉川繁吉《よしかわしげきち》という名前で、三河家梅車一座に加わって興行をしていたとき、師匠の妻である三味線弾きのお浜と恋愛関係になって西へと出奔《しゅっぽん》してしまいます。

この旅路の途中、沼津駅で見かけた当地の弁当屋の屋号「桃中軒」と、懇意にしていた相撲取りの天津《あまつ》風雲《かぜくも》右《え》衛門《もん》からとって、桃中軒雲右衛門に改名した、といわれています。

京都で、大陸浪人で革命の志士でもある宮崎滔天《みやざきとうてん》と知り合い、滔天は雲右衛門の弟子となり、牛《うし》右《え》衛門《もん》を名乗ります。この滔天が、九州で雲右衛門に引き合わせたのは、アジア主義を抱く政治団体玄洋社総帥《げんようしゃそうすい》の頭山満《とうやまみつる》でした。滔天がブレーンとなり、玄洋社がプロデュースして、雲右衛門は大々的に売り出されました。

当時の日本では、日露戦争に勝利したものの、賠償金は得られず、獲得した領土や権益も期待ほどではなかった。犠牲と負担を強《し》いられた国民の政府に対する不満は募る一方でした。そうした中で国威発揚の気運が高まっていたらしい。

宮崎滔天や頭山満らは、浪花節を壮士の演説のスタイルに落とし込み、武士道鼓吹《こすい》を謳《うた》い上げる『赤穂義士銘々伝』などの台本を整えて雲右衛門を売り出しました。雲右衛門は、それを見事な声節で、高らかに謳い上げた。紋付羽織袴。演台にテーブル掛け……この派手な舞台装置は、演説のスタイル由来もあるだろうけれど、大道芸あがりでずっと低く見られてきた浪花節が、舞台を立派に見せたかったんだろうなあ、と私としては切なく感じるポイントでもあります。

九州で少しずつ人気が高まり、東京でブレークします。明治四十年、東京の本郷座《ほんごうざ》でおこなった二十七日間の公演は連日満員札止め。大道で生まれた浪花節が、ついには歌舞伎座に出演するまでになるのです。

全盛期のスターたち

雲右衛門が火付け役を果たした浪花節はその大衆性も手伝って、農村、漁村、都市部を問わず、人気は日本の津々浦々に広がりました。さまざまな芸能から浪花節に転身する人も出てきて多士済々《たしせいせい》、音楽性も豊かになりました。もともとが地元に密着した芸なので地域によって好みも違い、関東節、関西節、中京節、九州の節とバラエティー豊か。三味線も地域によって違いがあります。

そう。「地域によって違いがある」。

この本の中で「関東節」「関西節」と何度も使っていますが、浪曲をかなり聴いておられる方でも、「違いがよくわからない」とおっしゃいます。本職的にはかなり違います。関西節と関東節。それは、浪花節の節や三味線奏法のバリエーション……なのではなく、本来は全然違う根っこから生まれたものなのではないかと私は思っています。関西節の春野恵子さんが関東節を真似《まね》たときに、「え～、フシの終わりの音、キモチワルイです～」と言っていたことがあります。

先日、上方落語の桂吉坊《かつらきちぼう》さんが、「天保水滸伝」の外題《げだい》付《づ》けの節を勉強してくださったときも、邦楽に大変詳しい彼が「こ、この音は、出したことのない音です」とおっしゃいました。三味線だって、関東節と関西節では調弦《ちょうげん》が全然違うから、おのずと奏法も違う。

たぶん江戸や大坂といった都市で受け継がれた邦楽と、関東節は、まったく切れている、違う音楽なんだと思います。

関東節のルーツには説経節が、関西節のルーツには祭文《さいもん》（祭りの際に神にささげる祝詞《のりと》）があるという論を読んだことがありますが、古い説経節の音を聴くと、たしかに関東節にとても似ているフレーズがあります。浪曲は、各地域でおこなわれていた「節つきの語り芸」を徐々に巻き込んで「浪花節」になっていったものだから、本来違う音楽が一緒になっちゃっているようなところがあると思います。

東京では、明治十二年に東京浪花節組合が設立されています。明治二十五年、組合には百人近い浪花節語りが名を連ね、明治三十八年になると四百名を超えています。浪曲師にも、三味線を弾く曲師にもあまたの名人が出てきます。

関西の二代目吉田奈良丸、関東の一心亭辰雄《いっしんていたつお》。「節の奈良丸、啖呵《たんか》の辰雄、声のいいのが雲右衛門」と世に知れ渡りました。明治末期のレコードの登場とともに浪花節人気は沸騰《ふっとう》し、大正時代には東家楽燕《あずまやらくえん》、木村重友、天中軒雲月《てんちゅうけんうんげつ》、三代目鼈甲斎虎丸《べっこうさいとらまる》の四天王がしのぎを削りました。

関東では、「パンと浪花節は木村に限る」と言われたくらい、木村派が隆盛を極《きわ》めます。浪花節組合の看板になった初代木村重松、重友の弟子の木村友衛など木村派からは花形が続出しました。

入門してだいぶ経《た》ってから知ったのですが、私の祖母の一番上のお兄さん、つまりお大伯父が浪花節語りで、初代木村重松先生の弟子だったそうです。「木村咲松」と言ったそうです。お酒の上が悪くて、師匠をしくじり、破門になったあと、桜木町で、かまぼこ板を半分に切ったものでチャカポコ拍子をとりながら門付けをしていたとか……私は木村重松の大ファンなので、そのことを知ったときには本当に驚きました。隣にいた豊子師匠が「アンタには、関東節の血が流れていたんだねえ！」って、うわーっと泣き出したのを覚えています。

落語と講談と、これも浪花節との大きな違いだと思うのですが、浪花節には江戸の末期から女性の演者がいました。「曲師」はもちろん最初から女性がいたし、明治期にも女性演者はたくさんいて、大正期には「女流団」という、女性だけの浪花節の団体がいくつもつくられて、大人気を博していました。

といって、演題に男女差はほとんどなかったようです。女性演者も義士伝を語り、任《にん》侠《きょう》ものも語っていた。その倒錯性も一つの魅力だったかもしれません。

昭和に入ってからもスターは次々と現れました。「佐渡情話」の寿々木《すずき》米若《よねわか》、「赤城の子守唄」の春日井《かすがい》梅鶯《ばいおう》、「壺坂霊験記」の浪花亭《なにわてい》綾太郎《あやたろう》、七色の声の二代目天中軒雲月のちの伊丹秀子。レコードに加えてラジオでも浪曲が盛んに放送されて浪曲の黄金時代が再び到来します。

大スターといえば、「清水次郎長伝」の二代目広沢虎造、「天保水滸伝」の二代目玉川勝太郎、「唄入り観音経」の三門博《みかどひろし》。関西では、初代春野百合子、冨士月子《ふじつきこ》、京山華千代《きょうやまはなちよ》。男性では梅中軒鶯童《ばいちゅうけんおうどう》、三代目吉田奈良丸など錚々《そうそう》たる人たちがいたんです。

ところで、明治の頭に「浪花節」と名付けられた芸能を、いまの私たちは「浪曲」と呼んでいます。同じものなのですが、「浪曲」という言葉が使われ始めたのは大正時代です。言い出したのは、三代目鼈甲斎虎丸だったとも、宇和島の歌人中井《なかい》コップだったとも言われています。

昭和十三年に東京浪花節協会は、浪花節の古いイメージを嫌って名称を日本浪曲協会に変え、それ以来、「浪曲」という名称を使い、今日に至ります。私の持っている資料では、昭和十八年には浪曲師が約三千人いたという記録が残っています。昭和三十年代くらいまでは日本で一番人気のある芸能が浪曲だった。

とはいえ、すべての浪曲師が、東京や大阪で活躍していたわけではありません。

虎造先生をはじめとして、全国区で名前も売れていて、大劇場を毎日いくつもかけもちしていた「大看板」の師匠方もいらっしゃいましたが、他の芸能一座にまじって旅回りしていた師匠方もおられました。木村若友師匠が、ほぼ福島県専門に回る一座の座長さんだったように、地域限定で活躍されていた方も、女流団の一員として旅回りをしておられた師匠方もいらした。東京や大阪の寄席を中心に活躍していた師匠方、そして浪曲が下火になってから、キャバレー回りをされていた方々……。

活動が多様なので、修行の形も、ひといろではない。

落語は、東京と大阪に、定席の「寄席」という、どこの一門に入門しても、一緒に前座修行をする場があって、修行のフォーマット、みたいなものがある程度統一されているように見受けます。浪花節も、専門の寄席が東京や大阪にいっぱいあった頃は、前座、真打《しんうち》という制度もあったそうですが、全国的に大人気となり、「売れたもの勝ち！」になってからは、たとえば小さい頃にレコードから聴き覚えて、入門時にはすでに一席も二席もできてしまうような子どもが、入門するやいきなり師匠と二枚看板で「少年浪曲師！」「少女浪曲師！」として売り出されたり、それは極端な例かもしれませんが、修行のかたちや演じるスタイルがけっこうばらばらで、その余韻が、いまも浪曲には残っている気がします。師匠によって、一門によって、教えやスタイルが違う。

テクニカルタームも、統一されていません。関東で使う専門用語と、関西で使っている専門用語が一致していない。私が、キッカケ節が……と言っていたら、春野恵子さんが「お姉さん、それ、たぶん関西では『地節《じぶし》』って言ってる節のことですよね」って言うので、仰天《ぎょうてん》しました。三味線の沢村さくらさんと話していても、関西でよく使う専門用語の意味が、関東の私にはわからなかったりする。

売れた芸能ゆえの混沌の残滓《ざんし》が、いまの浪曲に残っている気がします。

売れれば売れるほど権力に利用されやすい、という面もありました。浪曲は感情をあおるということで、戦争の気運が高まってくると、忠君愛国を謳ったり、銃後の妻や子どもたちの物語を語ったものが目立つようになりました。

国策でつくらされた浪曲もありました。戦後の一時期、戦争に加担したということで浪曲は批判されるのですが、世の中が安定してくるとわーっと盛り上がってきて、再び黄金期を迎えます。

戦地への慰問袋用につくられた浪花節の本（1943年 戦地の友社）

昭和二十二年の「藝能人所得番付」が手元にあるのですが、なんと六人の浪曲師が入っているんです。春日井梅鶯、三門博、寿々木米若、もちろん広沢虎造などが、俳優の上原謙《うえはらけん》や女優の高峰三枝子《たかみねみえこ》、歌手の霧島昇《きりしまのぼる》や藤山一郎《ふじやまいちろう》らと肩を並べています。

世の中との距離が縮まってきている！

浪花節は、長らく「お涙頂戴《ちょうだい》」と言われました。涙の芸能。社会の中では比較的下層の人々の、悲しい、痛い、切ない、寒いという、負の感情に寄り添い慰めるものだったと思うのです。戦争が終わってまだ傷が癒えない昭和三十年代前半までは、傷ついた心をもっとも慰めてくれるのが浪曲だった。だから日々ラジオから流れ、人々の暮らしに浸透していた。

昭和三十年代中頃から浪曲人気に陰りが見え始めるのは、一つにはテレビの影響があると言われています。うなるばかりでまったく動かない浪曲は映像的に面白みがない。テレビ向きではなかった、と。でも私はそれだけではないと思っているんです。

高度成長期にはいった日本。社会が豊かになるに従って、悲しい、痛い、切ない、寒いことがなくてすむ人生もあるんだと日本人が思い始め、つらい記憶を積極的に忘れたくなった。「私そんなの知らないもん」「貧乏なんていつの時代のこと？」って。その積極的に忘れたい過去を背負っているものの代表格が浪曲で、だから切り捨てられたんじゃないでしょうか。

……って思っていたら、戦後間もない頃にすでに同様の発言をしていた方がいらしたのを見つけました。劇作家・小説家の村山知義《むらやまともよし》の、演劇雑誌「テアトロ」再刊第一号（昭和二十一年）での論文で、これまた浪曲の通史的な資料として大変な労作である、唯二郎《ゆいじろう》著『実録　浪曲史』からの孫引きです。浪曲についてこう述べています。

「まさに抑圧され虐待された民衆の絶望的な悲痛な叫びであり、唸《うな》りである。悲しき者が叫ぶことに依って陶然とするのである。

これはこういうものとして大衆に支持されている限り、強《し》いて排斥すべきものではない。ただ大衆の生活が変わり、希望が心を明るく澄ませるに従って、悲痛なうなりの必要はなくなるであろう……」

まさに。

だから高度成長期に浪曲はすごい勢いで衰退した。

でも、いま、悲痛なうなりの必要が、また生じつつあるのかもしれない。

二十五年前、私が浪曲の世界に入った頃はまだバブルの残り香があって、世の中と浪曲の距離は離れていました。木馬亭で「塩原多助《しおばらたすけ》」のような苦労譚をうなったあと、一歩外に出ると、そんな辛気臭い物語など雲散霧消《うんさんむしょう》してしまう。世間の空気と微塵《みじん》も響きあうものがない。それがここ数年、世の中の気分と浪曲の描く世界の距離が、縮まってきているように感じるんです。

それは、喜ぶべきことではないのかもしれない。けれど、本来、人は苦しみや悲しみを抱えて生きていくもので、危機的状況がいつでも起こり得るこの世の中において、悲しみを慰めてくれる物語が、人が生きる上で必要とされる時もあるのかもしれない、と思います。


なんてことは、日々の舞台に立つときに、まったく考えてません。

弟子の稽古で三味線を弾く。いまだに、自分が三味線を弾いていることが、不思議でたまらない自分がいる。三味線という楽器は、ご機嫌とるのが難しいけれど、とても素敵でかわいいです。浪曲の仕事がメインだけれど、師匠は名披露目《なびろめ》の口上《こうじょう》のときに「三味線を忘れたら拳固《げんこ》だぞ！」と言った。それは遺言のように思っています。もっともっと弾き込んで豊子師匠の音色に近づきたい。

舞台に立つ。どんなお客さんだろう。どうしたら面白く聴いてもらえるだろうか。

声は……師匠が死んでしまったときにはまだまだ出なかった声が、ずいぶん大きくなりました。一発、声帯に圧をかけて、会場をなぎ倒そうと声を張ると、お客さんの表情が変わる。少しは昔の浪曲に近づけているだろうか。

でもまだまだ！　まだ修行中！　もっと追い求めていかなければならない。浪曲。なんとこの魅力的な芸能！

さ、今日も舞台です。


本書には、今日の人権擁護の見地に照らして、不当、不適切と思われる表現がありますが、本書のテーマである浪曲の性質や歴史性に鑑み使用しています。

（編集部）

あとがき

この本を書いている最中、コロナ禍で自粛生活を送りました。

浪花節《なにわぶし》で生きてみる……という、日々が実験のような人生で、それが送れているのが奇跡のように思っておりましたが、すとん、と、舞台が、生業《なりわい》の道が断たれました。

さあ、どうするか。お三味線の豊子師匠は、病院に行くのも怖くなり、骨粗しょう症の薬が切れたとたんに、背中を圧迫骨折してしまいました。幸い、三味線を弾《ひ》くことができたので、私も、私の弟子も、豊子師匠のお弟子さんも、他の人と会うのを極力避けつつ、お稽古《けいこ》に通いました。

他に、することない。

浪曲にすがりました。お金は入ってこないけれど、浪曲を演じていれば、心が保てました。浪曲の描く、のんびりとしたオカシな世界に心をひたすことで。そして、豊子師匠という、まさに浪曲を生きておられる方の、そばにいることで。

そして、ぽっかりできた時間に、懸案だったこの本を書くことができた。

この本一冊では、浪曲の魅力をお伝えしきることは、できません。もっともっと、浪曲について、調べられるべきこと、書かれるべきことがある、と思っています。

現在手に入る、浪曲の入門書としては、『浪曲師 玉川太福読本』（CCCメディアハウス）、月刊誌「東京人」二〇一七年二月号「平成の浪曲時代がやってきた！」（都市出版）、国本武春著『待ってました名調子！』（アールズ出版）、稲田和浩著『浪曲論』（彩流社）が最適かと思います。もっと浪曲を知りたいと思ってくださいましたら、ぜひ併読してください。最近は、研究書もいくつか出版されて、本当に心強く嬉《うれ》しく思っています。

浪曲をお三味線の側から知りたいと思われたら、先にも挙げましたが教則DVDが出ております。「浪曲三味線 沢村豊子の世界」（武春堂）、そして「沢村さくらの浪曲三味線 教材DVD」（私家版　問：hanamideippai0408@gmail.com）。これをご覧になることをおすすめします。

浪曲を音楽的に解析する論文を、邦楽に詳しい方に書いていただけないかなあと希望しています。付録の章でも書きましたが、たぶん関西節と関東節というのは、ルーツが全然違う。浪曲の音楽的解析、どなたかにしていただきたい。

小沢昭一さんが、『日本の放浪芸』（ビクター・白水社・岩波現代文庫）という、貴重な音源と写真と文章の記録を残してくださったことは、私たちにとってものすごい財産となりました。高度成長期に、大道を活動場所としていた多くの名もない芸能が、ひっそりと声も上げずに消えていった。その断末魔の記録は、それらが失われた後に修行を始めた私たちにとって、ご先祖様の姿を想像する、大きなよすがとなりました。記録は、本当に大事なんだ！

本書執筆にあたっては、ライターの金丸裕子さんに大変なお力添えをいただきました。まず金丸さんに、話を聞いていただくことから、仕事は始まりました。ずっと奈々福の浪曲を聴《き》いてくださっていたので、安心してお話ししました。それを整理して土台をつくってくださいました。金丸さんに道順を示してもらわなければ、とうてい書けませんでした。金丸さん、ありがとうございました。

第一章は、アプリ版ぴあに一年間連載させてもらった「玉川奈々福の浪花節的ココロ」に加筆したものです。連載へのご縁をつないでくださった演芸プロデューサーの木村万里さんと、連載の場を与えてくださいました、坂口英明さんに御礼申し上げます。

そしてこの本を出しましょうと言ってくださった、奇特な出版社、さくら舎さん。気長に待ってくださった古屋社長、担当の猪俣久子さん、ほんとに待たせましたね〜。ありが